U0134781

讓生命潛能 帶你探索心靈世界的真、善、美

Life Potential Publishing Co., Ltd

# Spiritual Growth

# 靈性成長

## 與大我合一的學習之路

## Being Your Higher Self

珊娜雅．羅曼 Sanaya Roman 著

羅孝英 譯

獻給
你在光中的誕生

# 目錄

〈譯　序〉光行者的啓航　羅孝英　1
〈推薦序〉在愛與光的時代中　周介偉　5
〈推薦序〉遇見歐林　張德芬　7
前言　9
引言：地球的改變　15
第一部　向上伸展
第一章　成為你的大我　25
第二章　以光創造　35

第三章　連結宇宙心智　47
第四章　連結大我意志　61
第五章　看見更大的畫面：接收啓示　73
第六章　對內在空間打開知覺　85
第七章　進入更高的意識　97

## 第二部　向內開啓

第八章　提高你的振動　109
第九章　平靜你的情緒　119
第十章　允許更高的美好　133
第十一章　加速你的成長　143
第十二章　創造可能的未來　155
第十三章　悠遊於空　167
第十四章　伸縮時間　179

## 第三部　向外擴展


第十五章　成為光源 195
第十六章　在服務中開悟 207
第十七章　揭開幻象的面紗 223
第十八章　像大我一般溝通 233
第十九章　正確地使用意志 245
第二十章　放下執著 259
第二十一章　變得通透 271
跋　願景 283
感謝 287

譯序——

# 光行者的啓航

羅孝英

每一次讀歐林對「靈性成長」的引言，總覺得他講的是現在。這本書在一九八九年出版，訊息已經超過二十年。可是環顧我們現在的世界，歐林的話正在上演。

歐林說有一道愈來愈強的光波正在通過我們的宇宙，它衝擊生活中最缺乏清晰與和諧的地方，因為解除那些行不通的地方會加速成長。能量敏感的人，是志願站在這波光能最前方的先鋒，發現療癒自我的方法，並幫助後來經歷衝擊的人。

若非高靈訊息點出人類肉眼看不見的能量現象，面對社會、政治、經濟和環境的急遽變化，人們可能充滿疑惑與恐懼。然而透過更高的觀點，我們可以明白它們都是重要的機會，教導我們與全生命的和諧並有意識地生活。

每一位翻閱這本書的讀者都是先鋒，站在時代前端，踏上靈性成長的旅程，獲得更高的視野，探索並療癒自己的內在，透過服務實現人生的目的，並成為你的大我。

靈性成長是不斷打開內在的眼睛，看穿層層帷幕，從更深的空間來領會實相和真理的過程。人的身體受重力作用固著於地表，然而意識卻可以高飛、深入和擴展，穿梭在一切可能實相存在的內在空間。我們的注意力就像聚光燈，目的是清楚地看見我們選擇照亮的地方，並經驗上演的一切。每一件上演的事，都是為了靈性成長。

歐林在書中教導我們暫停對戲碼的投入，向上聚焦，進入一個沒有風暴的寧靜空間，在那裡觀察外在的情緒、事件、感覺，獲得一種真知灼見，然後再回到舞台上。久而久之，離開舞台去理解和決定的過程會愈來愈短，上下舞台的角色切換愈來愈順利，最後無須分別，你成為你的大我。成為大我擁有更大的自由度，能踏上更高的旅程。

歐林在書中描述靈性成長的三個向度——向上伸展、向內開啓和向外擴展。我覺得它們不僅是觀念上的指引，也是意識在能量網絡中移動的方式。因此想要離開任何境況，首先向上伸展，提高自己的振動，再來向內調整情緒、觀點和願景，然後運作能量擴展和成長。透過這三個向度的變化，你能離開任何位置，去你想要的任何地方。

此刻的地球空間是充滿靈性成長機會的人間舞台，有許多戲碼在各處上演，需要人們用更高的觀點和方法來處理和創造。因為我們確實能和大地之母的生命共同體，在宇宙中綻放美麗的生命光輝。在過度時期的變化中，選擇不變的向上焦點，穩定自己的生命，為自己創造奇蹟，是成長的過程，也是極大的服務。歐林說如果你專注於世界的美妙和正面之處，看見每個人的美與愛，你會共振進入更正面的實相——至少你的世界和平，經濟穩定，居住的地方氣候溫和。

在新能量顛簸動盪的氣旋中，《靈性成長》像是穩定步伐的助行器，支持人們為自己決定未來，經驗有意義、有目的、喜悅、豐盛的人生。如此，光行者們履行幫助大地之母恢復本來光采的心願。

推薦序——

# 在愛與光的時代中

周介偉

主持新時代「與神對話」讀書會多年，但每次只要有朋友問我，新時代或靈性書籍該從那本讀起時，我總不吝推薦「歐林」訊息系列，若是個人想輕鬆自在，就建議他們從《喜悅之道》開始；若是喜歡心想事成的祕密者，我就會推薦他們再去一讀《創造金錢》。若是徬徨於生命與個人道途者，我就會請他們拿起《個人覺醒的力量》勉勵自己（備註：歐林系列各書皆由生命潛能出版）。

因為溫和明朗的歐林訊息，實在是像位讓人如沐春風集光、愛與智慧一身的好友，在您耳畔輕輕訴說。閱讀中像被一道柔美溫亮的光芒環身擁抱，使心中頓時充滿自在喜悅與清澈之感，疑慮不安等壓力完全消逝。

而各位手中這本《靈性成長》，則是我會推薦給希望靈性提升的朋友的絕佳的「靈性修練精要基本教材」書，書中從光與能量運作、靈啓、連結大我、創造實相與心靈溝通等等，幾乎涵括所有靈性成長和靈性修練課程的基本而核心的觀念與修行練習。

它各個觀念與冥想練習，或許看似不若一些獨特深入的法門功法般複雜，但是就是將這看似深奧神祕的靈性提升，詮釋得如此平易而精要，讓人可以輕易上手，時時修練與應用，正是歐林他可愛親和的風格！

感謝在這個人類提升與轉化的黃金新時代，有歐林等高靈、天使與外星朋友的協助，傳來許多助益的訊息與能量，讓我們共同感謝與珍惜，將自身活出典範，並分享給周遭親友。

祝願大家，我們一起在那愛與光中，活出這黃金時代靈魂最華美而壯麗的版本！

**周介偉**

・全民靈性運動推廣分享者，現爲「光中心」主持人。

・光中心網址：http://LightCenter.tw

推薦序——

# 遇見歐林

我很高興歐林的書終於要正式出版了。

六年前，當我剛開始摸索靈性成長的道路時，就接觸到了歐林的書，當時就立刻著迷，還組織讀書會來研讀這本《靈性成長》和《喜悅之道》。

為什麼歐林的書這麼令人著迷？我想，原因之一是因為他的話語中帶著強烈的能量，讀他文字的人立刻就可以感受到。更重要的是，他的語氣非常溫柔，又充滿智慧，特別能夠撫慰人心，讓人看了就不忍釋手，感覺就像一位鄰家的大哥哥正在娓娓道來一個充滿美好遠景的美麗故事，歐林的書就是有這種魔力！

這本《靈性成長》是歐林的代表作之一，相信很多人讀來都會覺得他說的東西似曾相識，直接能進入你的內心。他把所有靈性領域的架構和原理、以及我們該修的課程，都詳細地一一說明，並且還加上了冥想練習，使得本書成為理論與實務並重的靈性成長必備書籍，走在這條路上的朋友們，不可錯過這樣的好書！

張德芬

張德芬

・著有《遇見未知的自己》、《遇見心想事成的自己》、《今天我會心想事成：吸引力法則實踐手冊》等書。

# 前言

歐林和我歡迎你閱讀這本書——地球生活系列的第三本書。系列書的每一本都可單獨閱讀，整體則提供了一門探討更高意識的課程。

我對歐林通靈將近二十年，他是一位以精神體存在的指導靈和老師。他告訴我們他是光的存有，來到這裡是因為我們正在經歷重大的轉化和覺醒。他說他存在於和我們的大我相同的次元，他在那裡的目的是協助我們在地球生命中成為我們的大我。

我總是感覺歐林是非常有智慧而溫和的存有，他的建議幫助我們連結我們的大我和我們的內在智慧。當我對他通靈，我處在一種近乎冥想的寧靜狀態，他的指引穿透進來的時候我是清醒的。

他的指引像是平行於我思想的流動，我知道我們是兩道不同的意識流。當我通靈時，感覺像沐浴在光中，被一種不可思議的愛和了解包圍。歐林的語言成了我體驗的一部分，和他的話語同時傳送的還有豐富的感覺、畫面和啓示，它們是難以形容的。

當你讀這本書時可能也會有這種豐富的感受，因為歐林說他設計過這些字句，它們的韻律可以幫忙打開呼吸，進入一種更高的意識狀態。在這種狀態中，你和你的大我更加連結，可能接收到超越你閱讀資訊的畫面、感覺和內在了悟。歐林提醒我們，只要接受呼應我們最深存在的訊息，而放下其他的部分。

書中的題材源自歐林對一小群學生關於靈性成長的教導，他加速我們的成長，幫助我們透過喜悅而非掙扎成長。歐林提供訊息，並教導我們透過冥想引導、能量技巧和呼吸工作，進入更高的意識狀態。

從那個時候開始，我們經驗許多運用書中技巧的機會，也為我們帶來很多正面的結果，我們感覺像在靈性成長上大躍進了一步，並在生活上發生許多美妙的改變。當我們運用這些高次元的工具，我們學會去創造許多以前視為奇蹟的事。我們現在幾乎會自發地運用這些過程，習以為常，視它們的效果為理所當然，而忘了以前做事的方式。

在課程中，我們呼請光的力量來改善困境，學習對別人的能量保持通透，接收大我智慧的建議並發現新的方式來處理老舊模式。我們更清晰地看見生活的更大畫面，並學習關於我們的更高目的和我們是誰的新資訊。我們發現靈性成長的收益可能非常豐富，而且比我們想像的有趣得多。

歐林告訴我們，他在課程中的教導就是這本書的基礎，而他能感知每一個將閱讀它的人。他的實相沒有時間和空間，當他和我們說話，他讓我們感覺他也在對你們說話。他要我們在課程中與你們連結，讓我們想像從心中發出光線來連結你們的心，跨越時空問候共同研習的同學。

當歐林和我整理上課筆記結集成這本書時，他常要求我停下來讓他透過我傳送能量給你們。我感覺龐大的愛從我傾注而出，也知道當這個能量離開我的身體，它會進入世界連結某個人。雖然我不知道歐林傳送能量給誰，然而當你閱讀這本書，你會知道他傳送給你們之中的誰，並感覺到歐林對你的愛和支持。

在其他我們一起為這本書工作的時候，歐林會要我把你們當成一個群體，從我的心送愛給你們。他要我想像我們是有愛心的、志同道合的靈魂共同體，透過我們的內在連結彼此幫忙。他說我們所有追求成長和進化的人們組成的團體，正在創造巨大的光，而它會變成讓人們覺醒的深刻光源。

很高興能和你分享，歐林所傳授的那些幫助我靈性成長、發現自己的更高道途和成為光源的工具。我已明白靈性成長是一段美妙的旅程，歡迎你成為同行的旅者。我在我們共同工作的內在次元加入你，送光給你。

# 如何運用這本書

這是一門靈性成長的課程。第一部分「向上伸展」談的是與大我合一和連結宇宙的更高力量——宇宙心智、大我意志和有生命的光。

第二部分「向內開放」談的是透過打開你的心讓你的所有部分合一。你會學習更愛自己，允許更好的事進入你的生活，平靜情緒，安住於空，選擇你要的實相，並改變你對時間的體驗。

在第三部分「向外擴展」，你將學習在你的物質世界中，創造與全生命的合一與融合，並且成為光源。你會有機會更認識你是誰、你的更高目的、如何推展你的工作到世界，並透過服務來成長。激勵人們並提升他們的意識，會幫助你自己進入更高的境地。

在每個章節後面，歐林設計了導引的冥想，帶領你在靈性成長過程中循序漸進。當你做這些冥想時，安靜地坐下來閱讀書中的文字，運用想像力，盡可能在你最高和最專注的狀態中進行。注意那些你感覺提升的時刻，因為這些冥想設計的目的是為了提升你的能量；假裝你正在做那些冥想召喚你去做的事，將那些浮現腦海的意象、念頭和想法當成來自大我的指引；我們運用特定的畫面和象徵引領你經歷特別的體驗，你可以適當地運用或改變這些畫面來強化你的內在體驗，因為你對於自身所渴望狀態的感受比我們用來引導你的意象來得更重要。

在你閱讀和運用每個冥想時，你會獲得工具來向上連結、自我進化和成為別人的光源。你可以在心裡觀想這些過程，請朋友幫你唸出來或自己錄下過程放出來聽。為了方便讀者，歐林已經製作許多與本書主題相關的冥想卡帶以供使用。

歐林和我送給你我們的愛，在你成為大我，並向更大潛能開放的旅程之中。

珊娜雅

引言——

# 地球的改變

## 歐林的問候

你們正進入一段改變激烈又刺激的時期，有一道能量波正通過你們的銀河，改變它接觸到的所有生命。這道光波影響能量和物質的核心本質，把一切事物帶進更高的振動。雖然它才剛開始進入地球空間，你可能已經感受到，這道更高的光能振動帶來的影響。你也許接收到更多洞見，體驗到更多心靈力或心電感應，感覺有一種更深的需要想知道你的人生目的並採取行動。也許你有很多想做的事卻感覺時間變少了，因為這道光波也會改變時間的本質。

我們之中有些存有，以指導靈的身分在這特殊的時期前來幫助你們。對於這道光波我們有許多發現，我們知道它是光，具有意識；而且發現運作和連結這道光能，所產生的進化和成長的潛能是無法估計的。

你們的老先知曾預言過這道光波，那些認為當代會發生重大轉化的想法就是為了讓你們預備它。有人將這道光波預言為地球的浩劫，這些浩劫卻不一定會發生，它們是內在改變的象徵，也許是想法、感覺和態度的變化，本質較低的態度離開，並為本質較高的態度所取代。

你可以乘上這道光，體會更多喜悅、寧靜和愛，超越你已知的體驗。你可以擁抱你的靈性成長、連結大我和運用光，一次一小步，踏上眼前的路，與自然和地球愈加和諧融洽，並進入這道光能所帶來的更高振動之中。

## 你正在建構光體

你們正在快速地進化為新的種族，因為這道新的、大量的光能挹注，一種光的能量體開始在人類的氣場中演化。這種光體的初期階段建構在心臟周圍，在上胸腔稍高於心臟的位置。

你們有些人有心寒、胸悶或心臟顫動的症狀，因為你的光體已經建構在這個區域。這道新的光波要求你打開你的心，把你「能量」的心和肉體的心都帶進更高的振動。

你的光體讓你變成一個閃耀的光源。就像地球不斷地產生自己的磁場一樣，當你建構你的光體，你會產生並散發光明和靈性的力量，幫助你自己和人們進入更高的境地。

當你變得更明亮，你對食物的敏感度可能會增加，你也許已經感覺想要改變飲食或擁有更好體魄，因為你的身體正引導你，去做那些讓你能保存和散發更多光的改變。

當你建構你的光體，你的理性心智或許仍然強大，但它會融入更多的直覺。你會發現自己被那些具有創意，挑戰你觸及更深存在的事物吸引；你會與所有的生命形式產生更多的連繫和關連。你已經在人類對動物權的重視，以及對野生動物與森林保育的意識覺醒上，看到這件事發生。

你們正在準備成為具有心電感應能力的人種，你的預備工作之一是能夠覺察許多其他實相。你正在經歷從許多來源湧進新的資訊和信息輸入的過程，這將幫助你發展明辨的品質，來決定接受什麼為你的真理。

當你完全開放心電感應，你會希望對進入你知覺能量場的事物有選擇的能力，能停留於核心，理解並抽離那些與你不和諧的觀點和信念。

你到這裡來建構光體，把物質轉化為更高的振動，你將這種轉化稱為「靈性成長」。當你成長，你成為你的大我，一種光的存有。當你成長，你把大我更精細的高能量帶進物質，並轉化這個次元的潛在意識。

## 你們許多人對能量非常敏感

你的敏感讓你感受、引導和運作這道正在到臨的精細能量。你自願成為先鋒，在這波光能進入地球空間時在最前方迎向它，因此你能找到成長和療癒自己的方法，進而在人們受它衝擊時提供協助。你也許注意到，在過去幾年你快速成長，經歷許多轉化，學習許多新事物。當這道光波變得更強，愈來愈多的人會覺醒，經歷你已有的體驗。到時候，你會有更多機會成為老師和光源。

一波又一波更高的意識正在進入地球，每一波能量都造成巨大的群體開啓，接著是能量消退期的整合。每一波高頻振動都比前一波更巨大；它的影響隨著能體驗它的人數增加而更加顯著。除此之外，這些光波會滋長你專注於靈性成長和發現更高目的的欲望，幫助你探索你的更高次元，並到達更高的意識狀態。

當新的能量剛進入地球時，感覺起來也許像亂流，它們會擾亂你的生活秩序，使你改變，好讓你進入更高的境界。每一次發生轉變都讓向上伸展和成為你的大我更容易。當你與你的大我合一，在新能量到臨時你將不再感覺動盪，反而能利用它們的力量向上進入更高，並且更快地把你帶往你的目標。

許多人一開始也許會抗拒這些變化，因為配合它們也許意謂生活觀和生活方式的全然改變。有些人也許覺得沒有能力處理這些能量，而企圖用酗酒或磕藥來麻痺它的效應；也有人不願改變，卻發現這麼做只有帶來更多掙扎。有些人也許會用批評來抗拒新方式，或以懷疑和擔憂來回應；有些人必須經歷高度的掙扎痛苦，才會注意接收到的內在訊息並依之行動。他們可以在任何時刻決定遵循內在的訊息而透過喜悅成長。

不開放或順隨這個更高振動的後果會愈來愈大。如果生活中有一個卡住的地方，不快樂或行不通，它會影響生活中每一個其他的面向。刻意漠視你不想處理的問題不再有用。如果你不喜歡你的工作、關係有困擾或生活在不支持你的環境，都會降低你在其他方面的活力。

這波新能量對生活中最缺乏清晰與和諧的地方衝擊最大；這道光波會為你的生活加光，然而只有在有清晰與和諧的地方才能保留光。你會發現，消除那些無法運作的地方是最重要的，這樣會帶給你最大的成長。

你對這道光波的連結能幫助人類和地球進行平靜和平的轉化。坦然接受生命的改變、追求成長，將那些不再服務你的事輕易放下的態度，會影響人類和地球的行進路程。當你進入這道更高的振動頻率，你的轉化將透過愛和喜悅發生，而非痛苦與災難。

進入地球的光並非均勻分布，在所謂的「能量點」進入的光最強。波動從能量點擴散，形成逐漸擴大的能量圈。幾乎世界上的每個城市和社區都有能量點存在，當你向上伸展的能力增加，你就能在能量點認出它們。我們看見能量點形成的巨大能量網絡正在不斷成長，開始影響愈來愈多的事物。

這些新能量雖然不斷增加，卻仍然相當稀微。那些透過通靈、冥想和其它自我覺醒技巧精練知覺的人，會較能覺察這些能量。

在這波更高的能量中，你會發現你必須滋養自己，並在每個當下遵循內在的衝動去做喜悅的活動。當你滋養你自己，你向外擴展和貢獻人群的欲望會增加。即將來臨的新時代，比以往更看重社區、家庭和與心愛的人連結。你也許發現自己渴望和心靈相似的人一起工作，因為許多事靠眾人合作完成。人類正在變得愈來愈有凝聚力和團體導向。

在你們全球的和平冥想中，你們可以見證到人類透過心電感應的合作開始創造的改變。這種百萬人數的集體努力已然對人類的靈性覺醒發生深刻的影響，也加速人類的靈性轉化。

對於走在靈性成長道路上的人而言，這道正要進入你們星球的更高振動，比過去的任何事都能讓你感到歡喜自在。當你依循內在訊息的建議做改變，你的職業生涯會起飛，你的計畫會成功，你會得到為你帶來更高益處的一切。

心想事成不再是問題，確定你的要求才是——因為你會得到它。你的要求會愈來愈快實現，因為實現法則是更高世界的律則。在更高次元，你會立刻體驗你的思想。

過去你們從未有過這麼多途徑、可能性和機會，去選擇你想體驗的實相。這些新能量最重要的面向是提供喜悅、成長和活力的機會。它們會幫助你覺察你是跨次元的存在，你要投入人類進化的更大計畫，並探索你在這美妙、刺激的轉化時代中扮演的角色。

# 第一部

# 向上伸展

# 1 成為你的大我

當你在靈性上成長，也就踏上了自我探索的美妙旅程，你會愈來愈了解宇宙的奧祕，並學會個人轉化的工具。你進入的境界愈高，生活就可以愈不費力，需要的每一樣事物會應時出現，而你富有創意的努力會帶來超乎想像的成果。

靈性成長是一個旅程，它如意識般廣懋。我會在這本書中給你一些工具、資訊和技巧，幫助你更輕鬆喜悅地成長。這些知識將協助你進入下一個層次，在那裡，你的成長，全然來自對更高能量狀態的直接體驗，以及與你大我的連結。

「靈性成長」，當我談到它的時候，我的意思是：透過連結大我以及宇宙的更高力量來成長——包括掌管內在與外在的神／女神、基督、阿拉、佛陀和一切萬有。這個連結會帶給你充沛的活力、健康的身體、親愛的朋友和支持的環境，並且為世界帶來改變的機會。

## 靈性的道途
## 可以充滿無盡的遊戲與深刻的喜悅

靈性成長會給你工具，讓你每天生活順利，並為生活中的每個領域帶進不斷提升的秩序、和諧、明晰與愛。如果你想過喜悅、寧靜和充滿愛的生活，靈性成長是你所能專注最重要的事。

當你的靈性成長，你會看見更大的生活畫面。當你把個人意志與大我意志連結，你會更明白人類的進化道途和你在其中扮演的角色，你會找到你的人生志業，並獲得實現它的工具。你的人生志業會對人類、植物、動物或地球本身有貢獻，也會是你喜愛的事。任何時刻，你都能做喜愛的事，工作就是你的遊戲。

當你向更高次元開放，你將能夠揭開幻象的帷幕，透過大我的眼睛看世界；你的喉嚨連結你的大我，說的每一句話都表達真理和愛。你心智清明、情緒和諧，因為它們都融入大我的光中。

靈性成長幫助你創造愛的關係。當你的靈性成長，你會以更高的方式和人們產生關連。你的成長讓你更信任、更敞開心胸，達到新的分享和親密的層次。你和心愛的人之間會有更深刻而有意義的連結。

你們許多人總是在別人身上尋找的東西——熱情、體諒和愛，會先在與大我的連結中找到。這個連結讓你更愛自己、滋養自己，並以更高、更有愛心的方式和人們互動。

## 你的大我無條件地愛你

當你成長，你會明白如何送光去支持和激勵自己與朋友。你會信任自己對能量的感知能力，不論在哪裡都感覺平安。你會清楚地聽見內在指引並據以行動。你能輕鬆地和人們的各種能量保持和諧，學會對「負面」能量保持透明，甚至轉化它們；在每一個你去的地方，都會碰見友善的微笑、愛與和平。

在更高層次的意識中，你對精細能量的覺察會更敏銳。你有能力感覺、感受，甚至看見其他次元的精細振動、生命型態以及人體周圍的氣場。你的高等能力諸如靈視力、心電感應和其他心靈力會變得更強，雖然它們也僅是幫助你進步成長的工具，不會讓你就此停頓。你會在肉體層面創造快速、正面的改變，並獲得更多自我療癒的技巧。

你的恐懼或許不會完全消失，但是當它出現，你不會以更多的恐懼來回應，反之你會和那個恐懼對話，送愛給它，並獲得它所攜帶的訊息。你會立刻覺察那些離開較高狀態的時刻，並能快速地回到平衡、歸於中心與平靜的狀態。

靈性成長與個人成長很類似，只有一個巨大的不同：當你的靈性成長，你會連結更高的力量，並用這個連結來支持你的成長。這個更高力量——你的大我，神／一切萬有，會對你的人格工作，協助它發展自信、自愛、清晰和其他重要的品質。在個人成長中加上這個與更高力量的連結，你的旅程會更喜悅、更快速、轉化更大。

## 你的成長和擴展沒有極限

開悟是一種狀態，那時你對於維持和散發光都具備高度的能力；開悟並不是一個到達之後便停止成長、永遠完美的境界。不管你到達多高的境地，都有更高的層次可以精進。開悟指的是你有工具和資源處理周圍的能量，為每一件發生的事加入清晰、和諧與光明。能量總是在變動，從我們所在的次元觀點來看，你可能達到的成長並無極限。

當你達到某種程度的璀璨光明之後，可能選擇不再誕生地球，而是去其他提供不同機會的次元生活，成為更光明的存有；或者，你選擇回來，因為當你愈成長，愈能做出更大的貢獻，並且透過服務變得更為光明。

有許多開悟的途徑。選一條最喜悅、最合乎你價值的道路。你也許這時候選了某一條，下次選另一條，或者同時嘗試許多條路。接受那些最吸引你的修練方式，別因為別人說那是「正確」的成長途徑，就覺得必須追求某些你不感興趣的目標。你們每一個人都是獨一無二的，信任大我會指引你走向那些最適合你的道程。

你能為靈性成長做的第一件事，是放掉任何你對於靈性成長的成見和對自身進化層次的看法。你也許聽說如果靈性進化，你會擁有前世的記憶、做長時間的靜心、活在連綿的喜悅中、得到超能力，像是靈魂出體或長命百歲。也許這些事會自然地在你某些成長階段中發生，然而要獲得高度的進化並不需要做到這些事。

許多高度進化的靈魂沒有前世記憶，不能展現超能力，也沒有把他們的生活用在靜心上。你會發現每一個領域都有進化的靈魂，透過他們的服務為人類解除制約、提升意識和帶進更多的光。他們做許多實際的事，創造正面的結果。工作就是他們的冥想，也提供他們靈性成長的機會。他們專心做外在服務時就已經學會了向上聚焦，不需要超能力就能完成他們的更高目的。

## 靈性成長是變為大我的過程

你的大我是動態的，是成長中的生命意識，存在於一個所有存有融合為一個多次元意識的世界。你的日常意識是活在物質實相的大我，你的大我推動你去愛，並與他人連結；你的大我了解和諧、秩序與光明，當你為生活增加這些品質，便是像大我般地工作。

你的大我知道為什麼你會遭遇現有的挑戰；你的大我是你的終極本質，保存你累世的知識，是你內在的智慧導師。你的大我沒有極限，也不執著於任何你扮演的角色。當你將它精微的高頻振動帶進身體和你所有的能量系統中，它就能療癒和進化你。

你的大我通常透過直覺和感覺對你說話，也會送給你奇妙的巧合和同時性事件來與你溝通——也許透過人物、新聞、書本、電影和其他的形式，讓你聽見必要的訊息。當你加強對大我的連結，你會體驗更多的洞見、啓示和知覺的擴展。

藉由接觸你的大我，你可以在靈性成長上大幅躍進。你們有些人經由想像和一位睿智的老師或顧問對話、要求建議的方式，開始接觸大我，我們則會在下步「成為你的大我」練習中學習接觸大我。你將學會直接體驗大我的感覺、想法和智慧，並愈來愈常成為你的大我，直到你全然就是。

你可以時時刻刻成為你的大我，大我是擴展、有愛心、睿智、慈悲的你。在你聚精會神地做一件事、發自內心說話或接收創意洞見的時刻，你已然是你的大我；當你運用光、提升人們的意識或專注於為世界服務和創造改變時，你就是你的大我。我會幫助你辨認出活出大我和把光帶進生活的每一個領域是什麼感覺。你愈常認出那些成為大我的片刻，就愈能將經常將這些時刻帶進你的生活。

靈性成長來自更經常地接觸你的大我，並讓大我成為生活每個部分的指導者。一旦踏上靈性成長的道路——追尋、學習和探索你更偉大的存有，發掘宇宙的奧祕——你就不再是原來的你了。你也許偶爾會休息或放慢腳步，但是在經歷成長的喜悅後，你不會願意停頓太久的。你們很多人已經覺醒，成長的旅程一旦開始，你也許永遠也不想停下來！

## ❖冥想練習——成爲你的大我

這個冥想的目的，是讓你連結那個名爲「大我」的你，並且感覺你的大我就是你。做所有的冥想時，請安靜坐下，保持專注，放鬆身體，從幾次深呼吸開始。你也許想放一些幫助你平靜和進入更高意境的音樂。做這些冥想時，你可以閱讀冥想過程，請朋友爲你引導，或預錄冥想內容再放出來聽。請準備紙筆或錄音設備來記錄回答。

**步驟**

1. 安靜地坐下，眼睛閉起或張開。調整姿勢，讓自己覺得舒服，可以把手輕放兩旁，做幾次深呼吸。
2. 想像你整個身體放鬆，從腳趾開始，把輕鬆的感覺帶進雙腳、小腿和大腿，向上進入你的腹腔、下背、胸腔、上背和肩膀，然後放鬆手臂、手掌、頸部、頭和臉，放鬆下巴和眼睛周圍的肌肉。你可以反覆這麼做，直到感覺寧靜、專注和舒服。

3.調整姿勢，讓能量更容易沿著脊柱上下流動。深吸一口氣，充滿上胸腔，儘量不動到橫膈膜和腹腔，做幾次上胸腔呼吸，留意你的感覺。現在，做幾次腹式呼吸讓氣體充滿腹腔，然後再用幾次深呼吸將氣體充滿胸腔和腹腔。

4.做一次深呼吸，拉直和提起胸腔，挺直脊柱。這時，你或許會想調整一下腦後頸後的區域，找個最舒服的姿勢挺直。這可以幫助你創造情緒體的清晰與流動，打開心輪，讓你更容易用更高的方式思考。

5.現在，你已經準備好與你的大我相會。想像許多高靈環繞著你坐下，感覺四周的寧靜、喜悅和愛，這些高靈在這裡幫助你和你的大我相見。

6.想像你的大我開始向你靠近，想像它是閃耀光澤的美麗光團。問候、歡迎你的大我，邀請它更靠近你，在心裡請求你的大我與你更加連結。感覺它愛的光輝環繞你、擁抱你，感覺大我向你發出的光，以及光觸碰到你時，你振動的增強。現在，你的大我與你融合為一，感覺你所有的分子和原子都與它融合，彷彿正在重組你的能量。讓大我繼續與你融合，直到你全部的能量都展現出大我的光澤，你和你的大我合而為一。

7.作為你的大我，請打開你的呼吸，在身體中創造更大的能量流動。調整姿勢，保持大我的坐姿；作為你的大我，調整肩膀和胸部，展現大我的自信和智慧。作為你的大我，你臉上的表情如何？

8.想一個你希望得到指引的情況。作爲你的大我，對這件事提出建議。想像你是充滿智慧的老師和顧問，對這件事有什麼建議？請清楚說出或寫下答案。

9.作爲你的大我，關於你的靈性成長、更高目的或其他事情，你還有什麼其他的訊息要說嗎？

10.感謝你的大我與你合一，你可以繼續作爲你的大我，想待多久就待多久。

我稱這個狀態爲「大我」狀態，當我在後續的冥想中說「進入你的大我來做這個冥想」時，你就可以利用上述的步驟。你會發現愈是練習這個狀態，會愈來愈只想在這種狀態中思考未來和做出重大決定。當你進入大我狀態，會得到必要的技巧和能力，讓你能如大我一般地過生活。

# 2

# 以光創造

光是宇宙中最強的力量之一，你可以把光想成一種即時的呈現，可以立即出現在任何的時間與空間之中，它會回應你對它的想法。光出現在所有已知的宇宙，雖然未必與你們世界的光完全相同。

光是一種強大的轉化力量，這就是為什麼這道新的光波通過你們的宇宙時，會造成這麼多的改變。你可以用光來強化和大我的連結，召喚光來轉變能量、支持與療癒你自己和你心愛的人。光可以增加你的振動，放大正面思想的力量，並打開你的心。你可以與它連結，駕馭它的力量，在周圍創造美好的一切。

## 光的力量每天都在增強

進入地球的光已經到達臨界質量（critical mass），光的力量每天都在增強。這意謂你做的每一件正面和出於愛的事，比其他不是出於愛的事更有影響力。事情並非總是如此，在古老的過去，這個行星上的光沒有那麼多，創造美好的事物需要很多的專注；要花費很多工夫才能把能量提升到更高的秩序。當光的力量持續變強，即使是朝向更高益處和靈性成長的一小步，也足以把你帶得很遠，比過去任何時代快許多。

你對於光是什麼和連結光的方法有著直覺的了解，比我能給你的任何定義更重要。如果我對你說：「連結光。」你會出於本能知道怎麼做，因為你的大我始終連結著光。想著光，你便開始與你的大我共振。

你可以藉由想著光把更多光帶進生活。光會回應你對它的想法，當你想著它，它便立刻被你吸引過來。剛開始時，吸引光比散發光來得容易，然而只要更常想著它，你會被光充滿，在周圍建立一個光明燦爛的光體。你的身體保持愈多的光，你的振動就愈高，你就愈有能力轉化周圍的能量到更高的秩序。

## 暫停一下，召喚光的到臨

想像你站在一道光芒四射的光瀑底下，你的身體和氣場變得愈來愈明亮，感覺光流通你的身體。只要想著光，就能讓你的身體在細胞層次回復青春，並增加你可用的能量。光可以提升你到下一個成長層次，並快速改變你的經驗。

一天之中和光連結幾次——工作、搭車、居家或購物的時候。每次你連結光，便是在你和更高的世界之間建築橋樑；當這道光之橋建立，你在地球空間從事的任何事都會更光明而有效率。

有一個很有力量的運用光的方式，是想像你用一個光球或光蛋環繞著你，把你從頭到腳完整地包起來。本章最後附加的能量冥想可以協助你練習這個方法。別把光想成一種保護，而是一種很強的能量，能提升你周圍每樣事物的振動頻率。用這個意象在內在創造一種力量、和諧和愛的感覺。當你用光把自己包圍起來，就不需要再建築高牆把事情擋在牆外，光會把周圍的每件事轉化成更高的振動。

用光把自己包圍，當你的振動提高，你的更高能量會發出一個周圍的人可以對準的音調。並非人人都有能力回應你的更高振動，但是當你用光環繞自己，你周圍的人會有一組更高的振動可用。你會更能夠保持平靜和歸於中心，也會發現打開你的心、保持慈悲和愛更容易。

在商務會議或社交聯誼的場合中，如果你發現事情沒有什麼進展，或想改變發生的事，你可以安靜地坐下，召喚光的到臨，想像光環繞著你，然後擴大包圍在場的每個人，你也許會發現某些細微甚至是明顯的變化發生。繼續觀想光，增加你內在的平靜、和諧與愛的感受。有一位女士，正面臨一場棘手的官司，得為她感覺不公平的情況辯護。她連續幾天用光將自己包圍，令她驚訝的是，開庭時她感覺整個氣氛都變了，變得比較支持她，而最後的判決也對她有利。

當你召喚光，你也許會發現自己的心胸愈來愈開放，你更容易信任宇宙，明白沒有事情能夠傷害你。你會變得有自信，因為你有能力在生活中創造美好的事物，知道自己才是命運的主人。光能夠幫助你感覺寧靜，不管周圍發生了什麼事。

## 送光可以創造關係的和諧

不管你和心愛的人為了什麼原因而感覺疏離，你可以運作光來改變你們之間的能量。舉例而言，如果有人對你生氣，平常你也許要花很多力氣安撫他。現在，相反地請你安靜下來，召喚光的到臨，用最多的光把自己充滿，盡一切想像把你的能量變得很美麗，然後，從你的心送出一道光到對方的心中。繼續這麼做，遲早你會發現你們之間的感覺有正面的改變。

有位女士的先生常在事情不合己意的時候，用吼叫和發脾氣的方式來控制她。她很努力取悅他，但是這些努力似乎總是讓事情更糟。有一天，在爭吵中，她突然靈光乍現，想到與其抗爭，不如退到另一個房間，想像她的能量變得美麗而清明。她用光環繞自己，很快地感覺自己愈來愈平靜。

她開始送和平和愛的想法給她的先生，但沒有做任何實質的事情去安慰他，只是送光給他。不久之後，他的先生進來和她說話，彷彿爭吵從未發生一般。這是他們從爭執中平復最快的一次，而她所做的只是平靜下來，把自己的能量變得很美，並送光給他。她以前想讓丈夫恢復平靜的動作和話語卻都只是讓事情更糟。

有很多實際的方法可以運用光。在旅行中，你可以用光環繞自己和交通工具，讓自己感覺安全和受保護。你可以在出門時用光環繞你家。每天你的孩子或心愛的人去上學或出門時，用光包圍他們，你的愛意和光將陪伴他們一整天，保護他們平安並提高他們吸引好事的能力。

有位先生處理一位難纏的客人時用光環繞自己，那位客人不但提出無理的要求還大聲抱怨。他沒有取悅那位客人，只是想像自己被光包圍，把自己的能量調整得很美麗，深呼吸，然後從心中送光給那位客人。幾分鐘之內，他們之間的能量戲劇化地改變，而那位客人也變得比較理性而平靜。

另外一位先生的妻子突然帶著孩子搬出去，不告而別。他感到很絕望，因為他很愛他們。雖然他不確定送光有用，他還是每天召喚光環繞自己，並送愛給他的妻子。他沒有懇求妻子回家或對她生氣，而是在與她在一起時召喚光來到自己身上。他的妻子在離家前表現得很冷漠和疏離，當他運作光，她就會變得比較柔軟和有反應，後來他太太在兩個月之內就回家了。

你可以透過想像希望的事發生，加光給那個畫面，而改變你的未來。想一個未來的日期——某天、某月或某年，送光給那個時間，光會讓你在那個日期體驗的每件事變得更美好。

光是最強大的療癒資源，

送光給不舒服的地方

你可以呼請光來治療身體。花些時間安靜下來，用意念對準你的身體，它有哪裡不舒服嗎？專注於那裡，清楚地看見那個痛苦，它有多大或有多深？現在，召喚光的到臨，用光包圍那個不舒服的地方，同時問問那個部位的身體有什麼你能做的，能夠幫助它放掉這個痛苦或不適。

一位嚴重背痛的女士，看了很多醫生都無法找到生理上的原因。她開始送光給她的背，每次送光後疼痛會減輕，而且不舒服再回來時似乎也沒有那麼劇烈。當生活中的光增加，她也開始意識到自己一直感覺負擔沉重，想讓每個人快樂，好像只要放手一分鐘就會天下大亂。她是「把世界的重擔扛在肩上」一般地背負著每個人。於是她改變態度，決定讓別人學習他們的功課，而不再試圖解救他們或替他們生活。有了這個改變，她的背痛就完全消失了。令她驚訝的是，天下並沒有大亂，而她周圍的人開始負起讓自己的生活順利的責任。

你也許想療癒別人，但不知道什麼方法最有效。你變得愈光明，就愈有能力幫助別人成長，只因為你的光增強了。你可以藉由送光來支持別人，這麼做，你自己的光會更加閃耀。

想用光療癒別人，從吸引最多的光將你包圍開始。想像你像水晶一般晶瑩剔透，變成純粹的光導體，就能開始送光給對方。想像一道光從你的手、心或頂輪向他發射出去。這樣就足夠了，你的大我會處理所有的細節。你只需要在傳送光時保持送出治療能量的意圖就夠了，這會有用的。

珊娜雅的一位朋友從醫院打電話給她，說她們的一位朋友因車禍生命垂危，希望我們能幫助那個朋友。我要珊娜雅召喚光環繞自己，讓自己充滿光，然後在感覺光能最充足的時候，送出一道最強大的光給那位在醫院的朋友。我要求幾個在場的人同時這麼做。那個受傷的朋友會用這個光去創造更高的益處：也許會好轉或是安詳地離開，進入光的世界。在場的每個人都安靜下來送出強大的光。十分鐘後，她的朋友打電話來說，那個受傷的朋友幾乎立刻改變了生命跡象而好轉，離開生死徘徊的邊緣。

如果你知道有人身陷痛苦——不管是情緒、精神或身體，你可以在每一次想到他時，送光幫助他。因為當你在心中想起某個人，常常是因為他們在一個很深的層次要求你的光與愛。

## 你送給別人的光將倍增回到你身邊

增加你能保持和散發的光，是你送給自己和世界的偉大禮物。當你變得更光明、充滿光，人們會被你吸引，那些準備好的人只要在你身旁就會提升他們的意識狀態。

所有你送出的光會倍增回到你身邊。你可以用眼睛送光，在注視別人時，想像光從你的眼睛透出來；當你碰觸別人，想像光從你的雙手透出來。你可以在看到有人用得上這個幫助時這麼做——在商店或郵局排隊、和朋友在一起，或是任何你記得的時候。你送光的時刻都增加了你的光。當你讓你的能量變得很美麗，讓自己充滿光並送出光，你就是你的大我。

## ❖冥想練習——以光創造

這個冥想的目的是學習如何召喚光的到臨，讓自己充滿光並散發光。

**步驟：請進入大我的狀態來做這個冥想。**

第一部分：召喚光的到臨並讓自己充滿光

1. 盡你所能，想像你的能量變得很美麗，想像就足以做到這件事。在想像能量變美的同時，調整身體姿勢讓自己感覺舒服，讓呼吸更深，讓能量在脊柱中流動。

2. 深吸一口氣，邀請光的到臨。光是一種有生命的意識，會立即回應你的召喚。讓光進入你的脊柱，想像脊柱是一根充滿光的棒子，延伸到頭頂和腳底。光從脊柱向外散發穿透全身。想像通過身體的光束增加，使得身體可以保存更多的光。送光給你的細胞，給你的DNA，進入身體的每個原子，讓身體完全充滿光。

3. 讓這個光顯現出你能想像到的最美的顏色。它是什麼顏色呢？是金色的嗎？還是你想像了白色或寶藍色的光？讓它有著最適合你的亮度和光澤。

4.想像這道光變成一個光球或光蛋環繞著你的前後、左右、上下。擴大它，讓它穿越你的身體，充滿甚至穿越整個房間。然後，縮小它，讓它剛好貼近你的身體。你來決定光球最適當的大小。你的光球有明顯的邊界嗎？或者它有著模糊的邊緣？如果它有清楚的範圍，看看它在哪裡中止？

## 第二部分：發送光

當你召喚光並讓自己充滿光，你可以送光給很多不同的事。你可以送光給你的想法、你的未來、你的更高目的，給你的身體、思維和感覺。任何你送光的地方都改變了它的能量，變成更高、更精細的振動。請你送光給你想改變的情境或送光幫助別人。

1.想一個你想送光的人。從你的全身開始送光給他，注意你的感覺，然後想像光從你的眼睛、雙手或心直接送進對方，用你覺得最舒服和適合的方式送光給他。

2.想一件你想送光的事，召喚光並讓自己充滿光。想像你變成水晶般晶瑩剔透，成爲純粹的光導體。接下來，送光給你選擇的事。下一步，從你的心、你的全身送能量給這件事。用你覺得最舒服和最適合的方式送光。

3. 想想其他你想送光的事，例如世界和平、地球、動物或其他你喜歡的事。注意當你送光，你自己的光也變得更明亮、更美麗。

4. 你已經學會了如何召喚光的到臨，讓自己充滿光，然後發送光。

# 3 連結宇宙心智

你周遭的每一件事都是宇宙心智的一部分，它又被稱為神／一切萬有。宇宙心智是未顯化的本質，一切物質形式都從這種本質創造出來。你是這無限智能的一部分。這種更高智能以完美存在，完美地創造你的思想、信念和內在畫面作為你經驗的世界。你可以學習接入這個更高心智為你吸引無限的健康、豐盛、新想法、知識和任何你想要的一切。

宇宙心智就是完美，
完美地創造你所想的一切

你如何能從與這個浩瀚且全能的力量的連結中獲得最大的收益呢？想著你要而非不

要的事物，因為宇宙心智創造你所想的一切。穩定地專注在你的願景、希望、夢想和目標上，意圖擁有它們。允許你的頭腦接受大我的指導，並擁有清晰、正面和有創意的想法。

想像你的實相實際上只是一場正在做的夢。你用幾個主軸構築你的夢——你的家、工作和財產——這一切反映你認為你能擁有什麼。你為自己吸引其他人來配合演出，就像鏡子一般教導你更多關於自己的事。你在這裡是要學習你的思維和情緒，而你透過周圍的反射來學習。

既然你的實相是「你的」夢，你可以做任何想做的夢。你可以隨時改寫劇本，帶進新角色，讓它有更好的結果。你可以擁有對你有更高益處的每一件事。你的實相並不像你相信的那麼僵固，你可以更輕易地改變環境，可以擁有充滿喜悅、笑容、和平、豐盛以及更多……的世界，你能擁有什麼沒有極限。

## 你能透過「能量工作」創造奇蹟

你如何連結宇宙心智並利用這個連結來創造？你永遠連結於宇宙心智，因為它創造你所思想的一切。你可以學習有意識地連結宇宙心智，在採取實際行動創造之前，運作所謂的「能量工作」。宇宙心智具備一切物質形式出現之前的未實現本質，當你運作能量，你就是在有意識地運作宇宙心智。

能量工作是指在行動前先運用思想、想像和視覺化觀想。能量工作用的是光的力量、磁性吸力和連結更高次元來創造結果。

你的能量工作可以透過想像力，把想創造的事物變成圖案、顏色、象徵或感受，然後把那些圖案變得更美麗、開放、和諧。當你在心中運作想創造事物的意象，你就在對它做能量工作。

運作能量並為它加光，你能完成無限的創造。在你採取行動之前運作能量比起沒這麼做，能以更快和更好的方式帶給你——你想要的事件、環境和事物。直接運作事物的本質，可以把事物以它的最高形式帶進生活。用能量創造能產生快速而有力的結果，許多人稱之為「創造奇蹟」。

在做能量工作之前，第一件事是專注於你要的結果，然後想像你的心智能量場像光網，筆直地向上伸展，它到得愈高，就變得愈細密。有些人把它想像成螢幕的網點，光點的密度會隨著你進入愈高而增加；也有人把它看成用光織的布匹，想像在愈高次元，光的織錦就愈緊密細緻。

把你的知覺順著這個光網向上移動，想像你連結宇宙心智的更高面向，想像你遇見了想創造的事物的能量。如果有任何意象浮現，在心中運作它，讓它變得更美麗。當你感覺能量變得很好時，就可以把它「吸」到你的實相來——想像這個能量變成次原子能量，感覺你與它調和，將它帶進你的存在。你可以學會在幾秒鐘之內做完這件事，這麼做會產生令人驚訝的快速結果。

舉例而言，有位先生站在大排長龍的隊伍中，每個人都焦躁不安地等待著。他開始專注地想著他要的結果——隊伍快速前進，人們感覺平靜——來改善這個情況。他想像環繞他頭部的光網向上伸展，進入愈高就變得愈精細美麗。他發揮想像力，想像他要的結果能量的樣子，他看見和諧的粉紅色圓圈不斷向外擴散，並且為這個意象加光。他只花幾秒鐘運作能量，卻驚訝地看見了立即的效果。就在他完成能量工作後，立刻有三個排在他前面的人決定離開，而另外來了兩個職員多開了兩個窗口，每個人都變得平靜多了。幾分鐘後，他順利地辦完事情離開。

在第一本書《喜悅之道》等待出版時，我要珊娜雅做能量工作而不急著把稿子送給出版商。她開始觀想她要的結果，一本出版的書。

在為這本書做能量工作時，她想像它是一個磁性光球，能吸引所有想為生活加光而能獲得這本書幫助的人；另一次她想像這本書被能從中受益的人充滿能量，讓出版商被「對人們的生命有貢獻」的可能性吸引過來。

珊娜雅雖然很喜歡為《喜悅之道》運作能量，但她仍然有些擔心，思考是否該採取什麼具體行動。卻又似乎沒有什麼行動可以做，所以她就繼續運作能量，而沒有把那個稿子送給任何出版商。她並不知道她的一個朋友已經把書的稿子送給了某個出版商。有一天，那位出版商在冥想時收到非常強烈的內在訊息要出版這本書，雖然他之前並不想這麼做。他立刻打電話告訴珊娜雅他的決定，於是書就出版了。

當你運作能量時，它可能感覺像是你的「虛構」。然而，透過想像對你想要的事物運作能量，會產生具體真實的結果。舉例而言，有位女士的車子壞了，然而因為工作和接送小孩上學都需要車，所以她想租一輛車。她的朋友開車送她到機場去試試看，因為每個租車公司在機場都有營運櫃檯。然而他們都答覆她說：因為她沒有信用卡，所以不能租車給她。她已經準備放棄了，但因為急需一輛車，所以她想嘗試看看有什麼別的辦法。她想到自己可以有意識地連結宇宙心智，對想要的結果運作能量。

她到外面用一點時間專心想著她要的結果——開著租來的車回家。接著，她想像她的心智能量場像光綱，把知覺順著光綱向上送進更高的次元，去感覺她想要的結果的能量。在那裡她感覺似乎每件事都很封閉和僵固，於是她在心裡想像那個能量正在打開，她為每個地方加光，直到她感覺身體有一種「好了」的感覺才停下來。這一切都像是虛構的，然而她感覺一間拒絕她的租車公司在吸引她。她發現那兒有一個員工剛換班執勤，而他想了一個辦法把車租給她，並且告訴她，他不明白自己為什麼要破例幫她，只是有某種奇怪的感覺，讓他覺得自己一定要幫助她。

有位男士想為他的事業吸引更多客户，他試過登廣告和許多其他的方式，花了很多行銷費用，卻沒有多大效果。他決定用運作能量的方法試試看——把更多客人當作創造的結果來運作能量。他安靜地坐下，把知覺順著光網向上連結宇宙心智和他想創造的事情的能量。

他想像有一道彩虹從他的心發出，連結每一個他想接觸的人。他用一個想像讓畫面變得更加鮮明生動——當他和每個人連結時，有美妙的音樂響起。他從他的心送光到他們的心，在心裡說他有多麼歡迎和願意為他們服務。

一週之內就有很多新客人上門，即使他沒有刊登新的廣告。幾個吸引生意的新點子冒了出來，當他採取行動，他的客户人數立刻快速地成長。

有一家公司因為一位優秀的員工要離職，需要有人很快地接替他的工作。他們在報紙上刊登徵人廣告，很快就有人來應徵。結果他們雇用的人在預定到職日的前一天找到另一份工作，而下一個受雇的人甚至沒有出現或來電。於是他們決定在繼續登廣告前先做能量工作。

雖然有人並不相信能量工作，他們仍然一起坐下來專心想著理想的工作人選出現。他們創造一個環繞他們的精細光網，想像它進入更高次元，創造一個歡迎和邀請的空間讓這個人進來。每個人貢獻自己覺得需要的能量意象，大家輪流運作。隔天有一個人看了舊報紙上的廣告打電話來應徵，結果非常合適，快樂地成為了公司的一員。

另外一群人覺得他們的辦公室太陰暗，老闆太苛刻，工作沒有正面的回饋，意見又不被重視。他們雖然抱怨過這些事，但是並沒有發生任何改變。他們決定對這個情況運作能量。

他們一起想像一個精細的光網環繞他們，向上伸展，進入宇宙心智的更高次元，在那裡他們想要的狀況以能量型態存在。他們觀想他們的辦公室和他們的現況，感覺起來就像是一個黑暗的箱籠，於是他們把它改變成充滿光的體育館，並且繼續運作這個象徵直到它感覺變得寬廣、流動和開放。

不到一個月的時間，事情以從未預期的方式戲劇性地改變。他們那位既負面且嚴苛的老闆請辭了，取代的是一位支持而正面的人。公司總部突然決定搬進一個更大、更開放和充滿光的地方。就在搬家之後，他們的老闆改變了內部方針，讓每個人對決策有更多貢獻意見的空間。

## 你的想法愈寬廣，你創造的實相愈開闊

創意和想像力是兩把開創美好實相的重要鑰匙。運作能量需要創意；觀想希望的結果需要想像力。當你運用創意和想像力，你能擴大你可能擁有什麼的想法，為自己創造更美好的生活。

你可以學習有創意。你們都體驗過饒富創意的片刻——突然萌生的洞見、對於可行之道的新視野和靈感的爆發。認為自己有創意和認為自己沒創意的人唯一的差別，是他們對創意的信任。開始告訴自己是有創意的人。

你有能力產生讓生活和工作更上層樓的新點子。暫停片刻，想一件你希望更好的事，然後，用你的創意，想像一件比你原來想像更好的事情發生。別把你的現況當成是你能擁有的最好的；別相信別人告訴你什麼事情是無法創造的。當你明白如何運用能量和光來創造，任何事都有可能。

## 相信你的成功，看見你擁有想要的一切

學習運用想像力。對此時不存在的事物存有想像力，是你最高的能力之一。你的想像力讓你擁有得比現在更多。你的想像力超越這個次元，連結無所不能的宇宙心智。你的想像力能夠連結你想要事物的能量，運作它，加光給它，然後輕易而快速地把它帶進你的實相。

花時間做白日夢、天馬行空地幻想、放鬆，思考你想創造什麼。練習用新的、無限制的方式思考。無限制的思考讓你接觸生命的更大畫面，連結大我更寬廣的視野。擴大你對於什麼是有可能的視野吧！正面地思考，想像你擁有得比現在更多。

如果你想要有比現在更相愛的關係，想像你希望的樣子，不要把焦點放在你關係的現況。如果你渴望金錢、豐盛、靈魂伴侶或健康，想像你已經擁有，先感謝你的大我把它帶給你；對你想要的事物運作能量，並相信你會擁有。

運用肯定句，以現在式的正面敘述肯定你已經擁有你想要的事物。例如，你可以說：「我現在就開悟了；我現在就很豐盛；我是個有愛心的人，仁慈而開放。」那麼這些事情會變成真的。雖然你說話的時候它們可能還不是，但是當你繼續這麼說，它們會

成真。

信任你一旦肯定你會擁有什麼，每一件事的發生都在預備你擁有它。當你想像你的成功並確定你會擁有它，宇宙心智就會為你工作，完美地為你創造你想要和你相信的事。

宇宙心智只能「為」你，
創造它能夠「透過」你創造的一切

你是宇宙心智的共同創造力，它在你對於所要求的事物接受的能力範圍之內，為你創造最好的事。如果你能以寬廣、有創意和開放的方式思考，宇宙心智會反射你的想法，給與你比你所想的更開闊的事物。你能擁有你能想像的最美好的生活——充滿快樂、豐盛、親愛的朋友和良好的健康。想一個你希望更好的生活領域，現在就花時間觀想它是你想要的樣子，肯定你所想的會發生，信任它會在最好的時機，以最好的方式實現。創造它的能量，然後用以下的冥想將它帶進你的生活。

## ❖冥想練習——連結宇宙心智

這個冥想的目的是連結宇宙心智，並把你想要的東西，從未實現的能量世界帶進物質形式。在這個練習中，你可以想一件你想要的特定事物，可以是一個東西或一件事情，但不能是一段關係或一種品質，像是內在平靜。

**步驟：請進入大我的狀態來做這個冥想。**

1. 想像一個光網環繞你的頭部，向上伸展進入更高的次元。當它進入愈高的空間，就變得愈精細美麗。把你的知覺順著光網送出去，想像你離開你的地球實相，進入宇宙心智的本質世界。

2. 看見你和你想創造的事物的未顯化能量相遇。用想像力描繪它。它有圖樣或顏色嗎？你能感覺或感受它嗎？你能把它變成一個象徵嗎？

3. 讓那個意象變得更流動、開放與和諧，為它加入色彩、芬芳的氣味和美麗的音樂來強化它，把它的顏色和圖樣變得更美麗，調整它的尺寸，讓它的大小感覺最合宜。想像這個未實現的能量是有生命的，與它互動，加光給它。如果它是個象徵，和這個象徵互動。

4.你現在已準備好將它帶進你的物質世界。把這個能量變成比原子更小的光粒子，用你能想像的最高振動創造它們。當你把這個能量變成光粒子，你看著它從本質的世界跨進形式的世界。讓這些光粒子開始凝聚，想像它們聚在一起產生形體和質量。

5.打開你的心，接受這些代表你想要事物能量的光粒子，用愛擁抱它們，把它們吸引過來。

6.把這些次原子的光粒子帶進你的DNA，它們位於你每一個細胞的中央。感覺這些光粒子穿透你所有的DNA，它們記載了你的生命程式的密碼。想像你的DNA現在正齊力合作，把這件你想要的事物以最高、最光明的形式帶進你的生活。這些光粒子代表你要創造的能量，透過DNA與你的生活調和，因此它會非常容易進入你的生活，並符合你每個部分的生活。

7.把這些光粒子的光從你的DNA發送到你的細胞，進入你的情緒和頭腦。

8.假裝你已經在生活中擁有這件事物。擁有的感覺如何？想像你爲它創造了一個時間和空間，它會占據多大空間？你會把它放在多接近的時間？

9.先感謝它的到臨。確定你已經準備好擁有它進入你的生活。準備接受它，並在它到臨時認出它。當你回到這房間，感覺你和這件正在進入的事物的新連結。

# 4

# 連結大我意志

大我意志是神／一切萬有的一個面向，它是一股流動的能量，帶引萬事萬物更高的進化方向；它是一股溫和的愛與靈性能量之流，引導所有王國的一切——礦物、植物、動物和人類，朝向成長、活力和更高的秩序。

宇宙有個神聖計畫。它並非實現特定狀態和行動的指導方針，而是以靈性能量的方式存在。大我意志能非常精確地承接這些能量的頻率，將你們的物質世界和其中所有的意識移向最高的進化。你有全然的自由意志以任何方式回應這些能量。如果你利用它們在靈性上成長，它們將會大大地協助你。

要連結這道進化能量，只要願意讓你的生活擁有更高的秩序就行了；開放、允許和接納好事進入你的生活。要相信你值得擁有想像中最美好的生活。當你與大我意志合一，你的生活會變得更加和諧美滿。

大我意志是行善和服務的意志，也是助人的意志。你可以藉著問自己：「我創造的這件事如何對我自己和別人有更高的益處？」來強化你與大我意志的合一。你的動機愈有服務的心意，就愈能對準大我的意志。當你服務別人，你所獲得的靈性回饋和豐盛將超過你的想像，這即是大我意志的一切——為每一個人創造最高益處，因為那也將是你自己的最大益處。

## 你的生命有一個更高的目的，是你帶來的特別獻禮

你來到地球的目的之一，是進化你自己，並以某種方式服務全人類。你可以稱這個進化自我的過程為你的「人生目的」，而你到這裡來提供的服務就是你的「人生志業」。它們是彼此共伴而生的，因為當你服務別人，你會自然地進化自己。當你進化並發出更大的光明，你也自然地服務了別人。你為進化自我和實現人生志業做的每一件事，都是一個與大我意志以及你的大我合一的行為。

你有一個特別的角色要扮演，一個非你莫屬的角色。你的人生志業在不同的時期會

有所不同。它的形式也許逐月、逐年隨著時間而變，所以和你的目的與願景保持接觸，因為它們會擴展與成長。你可以檢視你喜歡的技能和你愛做的事，以及你被自然吸引的領域來發現你的人生志業。不管你愛做的事是什麼，都能用來服務別人。因為宇宙的本質之一就是，當你發揮你的最高才能，你自然對別人有貢獻。

你對理想生活的夢想，正指出了你的潛能和你的更高道途。別擱置你的美夢和幻想，認為它們是無用的空想。尊重它們是來自你自己最深部分的訊息，指出你的人生志業和你來此要做的事。

你知道在你的此生中，會有新的頻率和能量在地球空間建立，它們帶來比過去更多的慈悲、秩序與和諧。你知道一道新的能量和光波會在你的此生出現。你來協助把這些新的能量帶進社會的每一個層次，而你會被你特別能幫忙建構新能量的領域所吸引。

## 向內聆聽你會明白大我的意志

與大我意志合一，能引導你採取產生你想要結果的行動。在你運作能量之後，採取行動之前，暫停片刻，想像你加入更高的流。你可以想像一道更高的能量流引領你到你的目標，想像你加入它。想像大我意志加入你，幫助你用可能的最快、最好的方式，創造對你有最高益處的一切。

你的大我和大我意志連結，它總是送給你指引，告訴你如何進入宇宙的流，並乘上更高的流。當你花時間聆聽內在的訊息——也許以想法或感覺的形式，你會對大我給你的指引更覺察，你能用這個指引在生活中創造許多正面的結果。

只有在你感覺被邀請、開放和正面時行動。那麼你採取的行動會與大我意志合一，你會事半功倍。例如，在對結果運作能量之後，你也許有衝動想打電話給某個人。在你撥電話前，請暫停一下，保持安靜，想像你打了這通電話；如果它感覺起來很溫暖、美好和受歡迎，你就打吧！在做任何事情的時候，如果你感覺抗拒、能量降低，或是有任何負面的感受，那麼請你等待。

有一位做業務工作的女士，只有在她安靜片刻、感覺對的時候才打電話給人們。在一段從錯誤中學習的過程之後，她對於憑感覺辨識撥打電話的時機變得很敏銳。如果適合打電話的時機出現，當她想著打電話的對象，通常會感覺自己受歡迎和被邀請；如果她沒有這種感覺卻還是撥了電話，通常對方會很忙、情緒不好、不在或者不接受她的想法。而如果她等待能量感覺好的時候才打電話，通常都有美好又很有收穫的談話。

與大我意志合一，要培養一種知覺，去覺察你自己的能量、你周圍的人和你對每個當下的感受。只在有確定的正面感受時採取行動。你的感覺和知覺會告訴你，你是否處於更高的流。如果你覺察你的能量封閉或感覺不高，你會知道你已經失去和更高能量的連結；只要你感覺你的能量振奮活躍，那麼你便是遵循著大我意志。

你可以藉由聆聽內在的訊息與大我意志合一，你的大我總是在引導你與大我意志合一。當你學會分辨接收的是大我的指引，還是理智的訊息，你將能夠快速而喜悅地創造你想要的一切。

## 來自大我的訊息總是愛與溫柔

分辨大我訊息和理智訊息的方法之一，是注意訊息背後是否帶有恐懼的想法。理智的訊息通常基於匱乏、罪惡或對假想威脅的自我保護。如果你要求指引並期待答案，不要注意那些帶有恐懼的答案，因為它們並非來自你的大我。大我的訊息只會讓你感覺寧靜與平衡。

大我的指引通常精微而寧靜，並且常常在你收到的第一個訊息之後出現。你的理智可能會迅速帶著答案跳進來，所以當你思考採取什麼行動時，你先收到或最大聲的答案可能並非來自大我。要接收大我的訊息，請你保持安靜並且等待，直到你感覺答案帶著肯定與愛。

例如，在你為你想創造的事物運作能量之後，你可能對於採取什麼行動去得到想要的結果感到疑惑，你的理智可能會跳出來告訴你，需要採取什麼行動來保護自己，或說你想要的事情是不可能的。你知道任何基於恐懼的訊息都不是來自你的大我，所以請你保持聆聽，當你繼續聆聽，你會聽到來自大我的訊息，它也許會告訴你一切安好，別擔憂，並且不要採取任何立即的行動。大我的無聲之聲總是鼓勵而正面的。

你的大我透過你的心引導你進入更大的流。如果你需要做選擇，選擇你受到吸引和滿懷喜悅去做的事，採取你的心引導你去做的行動，別勉強自己去做事。如果你逮到自己在說：「我必須或應該這麼做。」那麼去做它不會為你帶來更高的益處，也不會是與大我意志合一的。

你的大我總是送給你建議和想法，讓你保持在更高的能量流並與大我意志連結。這些建議非常溫和，你甚少會在尚未經歷簡單的改變之前被要求做劇烈的改變。有時候關於你需要做的改變也許令你驚訝。然而，你的大我會告訴你，如何運用你現有的技巧、資源和能力做到這些改變。

花時間放鬆和覺察你的內在訊息。你在靜默思考的時間和忙碌活躍的時間之間能維持良好的平衡嗎？如果你終日忙碌，不斷輸出能量，你也允許自己有喘息的空間嗎？如果你沒有保持動與靜兩種狀態的平衡，那麼什麼是你現在或明天可以做的事，好去恢復它們的平衡？花時間靜下來，聆聽你的想法和感覺與你的忙碌一樣重要。

在採取行動前花時間進入寧靜平和的狀態思考，可以大大地增加你生活的喜悅和自在。有時候一個簡單的點子可以省去幾個月辛苦的工作，或避開重大的問題。千萬別為思考的時間感覺罪惡。當你花必要的時間想通事情，你的生活會變得更寧靜祥和，運作得更好。

## 你是大我意志的共同創造者

你在這裡和大我意志合作，你是那個實現你的志業並為世界帶來改變的人。與大我意志合一並不表示你不獨立。你的個別性、你的力量、你的領會和你的獨特之處，幫助你有效地實現大我意志和你的生命目的。

別等待命運決定你的際遇。與大我意志合一需要你設定目標、決定結果和採取行動。你具備高度開展的意志是有理由的，你愈學會明智地行使意志，就愈能開創更高的道路和落實必要的行動。

你如何知道自己太過努力或太不努力？你如何知道自己是否以個人意志對抗大我意志？如果你正嘗試創造什麼，而你必須掙扎、催促、勉強，想讓事情發生卻成效不彰，那麼你並沒有遵從大我的意志。

也許會有一些障礙出現，讓你有變得更強壯的機會，並且更加確定你的目標。然而，如果你一再吃「閉門羹」，如果你的努力讓你感到筋疲力竭或能量低落，或者做某件事只因為你覺得沒有別的選擇。停下來，找想做的事做。當你順著大我意志的能量流動，在被能量承載的感覺和使用個人意志來創造結果的感覺之間，存在著一個平衡。

何時放手、臣服、讓事情發生，何時運用個人意志發揮行動力？最合宜的一直是先做能量工作，再採取吸引你的行動。如果你想要一個特定的結果，做你的內在訊息指引你做的每一件事，然後臣服，讓最好的事發生。

如果在你做完能量工作之後，並沒有清楚的行動或強烈的感覺去做什麼，通常你最好等待。臣服並信任發生的事——即使它不符合你的期待，對於你和你的成長而言也有其自然的完美。

當你連結大我意志並處於更高的流中，你會感覺很好。你的身體會很放鬆、舒服、充滿能量。如果你發現自己不是這樣，暫停一下，深呼吸，要求一個告訴你如何能更處於能量流中的訊息。聆聽大我無聲的訊息，因為事情通常都有更輕鬆的做法。

**當你順隨大我意志流動，**
**事情會輕易地發生**

你生來就該喜悅地生活。你在這裡是為了創造你的夢想，你能夠為自己在地球創造一個天堂。你值得擁有你能想像的最好的生活。在生活的每一個領域做你愛做的事，並且遵循你的心，因為當你如此，你便與大我意志合一。

## ❖冥想練習——連結大我意志

這個冥想的目的是：透過與大我意志合一，爲你能夠在此生達到你的最高進化和潛能灌注能量。

**步驟：進入你的大我狀態來做這個冥想。**

1.閉上雙眼安靜地坐下，要求你的大我給你一個代表此生最高進化的象徵。無論你心中浮現的畫面是什麼都接受，因爲它就是這一次最適合灌注能量的完美象徵。這個象徵看起來像什麼？想像你站在這個象徵前面，想像能量從你的大我直接灌進這個象徵，把它用光包圍。

2.想像你把這個象徵放在一個山頂上，有一條道路在你眼前展開，連結你和山頂上的象徵。這條路看起來如何？從蜿蜒的路到陡峭、直達的路，選一條看起來最歡迎你的路。

3.看見你喜悅地走上這條直達山頂的路，在旅程中你保持平衡與平靜，你有一個願景，你一直都被這個願景所指引。

4.現在，想像你在山頂上，慶賀自己對目的地專心一意的投入。想像當你實現最高的潛能，成爲開悟者，而能照亮別人時的感覺如何。

5.站在這個象徵前面，想像你與它連結。想像這個象徵發出光和能量穿透你的全身，直到你每個細胞都對準了你的靈性成長和更高目的。把這個象徵放進你的心，與它完全融合，然後釋放它，將它交給大我意志。

6.感覺你和大我意志的合一。你可以想像你看見一條光束從你的太陽神經叢發出（你的肚臍上方的區域），把你的個人意志和大我意志相連。

7.有一道來自大我意志的傳播，顯示人類最高進化的道路。想像你對準這道能量傳播，讓你所有的能量與大我意志、人類最高的進化道路合一，而你是其中的一部分。你的最高目的與人生志業將以更宏偉的方式展開，而每一件你做的事都與更高的能量合一。

8.繼續享受山頂的風光和美妙的體驗，想待多久就待多久。你已經爲你的更高目的灌注能量，並加入大我意志的更高能量流。

# 5 看見更大的畫面：接收啓示

看見更大的畫面意指把每件事放進更大的架構中，在那裡事物會揭露它真正的意義。想像你在玩拼圖。你在一個角落拼出幾塊，看見一棟房子。你繼續拼另一塊不同的地方，出現了一棵樹。它們看起來完全無關，直到稍後你再拼出一塊，一幅鄉間景色浮現。樹和房子本身是完整的，但是它們也是更大畫面的一部分。

你也許已經發現，那些你學過看來無關緊要的事、做過的工作和曾經發生的經驗，全都以一種在當時你無法預期的方式，完美地拼合在一起。只有在事後，當你看見更大畫面的時候，你會理解某些事情有它的重要性。你的大我對你的生活有一個更大的計畫，你的每一個經歷都彼此契合，以某種方式為你貢獻它的價值，即使你不知它們是如何發生的。

當你連結大我意志，你會知道更多關於你生活的更大畫面，以及你在更宏偉的計畫中扮演的角色。那些能夠覺察這個更大畫面的人，通常會被稱為「夢想家」（visionaries），因為他們比一般人的視野更寬廣。當你學習去看見自己和人們生活的更大畫面，你也會變成一個夢想家。如果你看見人類世界正在發生的事情的更大畫面，你會更清楚如何去服務和貢獻。

想像你站在一片濃霧之中，伸手不見五指，除了幾棵靠近你的樹，什麼也看不清楚。霧氣開始消散，於是你可以看見自己站在一座山頂上。當霧氣繼續消失，你可以看見遠處更多的山丘，很快地你看見了周圍環境完整的景觀。這就像是你看見更大畫面的過程，當你透過大我的眼睛來看，你對世界的景觀會愈來愈清楚。有了這個更大的視野，你的靈性成長會來自內在，為你自己所指引。

## 靈性成長來自一連串的啓示

地球被一些人稱為「濃密」（dense）的空間。物質的密度創造了一種無明的面紗，使得一旦在這裡出生，大部分的人——即使是高度進化的靈魂，都會喪失他們對於自己是誰的記憶。你們經常必須憑著對目的和目標僅有的模糊知覺「盲目」地操作。這是這個次元有這麼大的挑戰的原因之一——也因此提供了很多成長的機會。

你大我的知識和智慧透過一連串的啓示（revelation）傳遞給你。啓示是那些面紗揭開的時刻你獲得的洞見、突破或新了解。當面紗被掀起，你會看穿這個實相，並收到許多事情的洞見，很多可能是你從未想過的。

當你和大我的連結逐漸強大，你變得更能覺察它偉大的智慧和觀點。你也許會有不尋常的想法和問題。你也許會想知道或接收一些洞見，那些關於其他星球的生命、你的前世、實相的本質，以及時間與空間的資訊。你也許很想探索或學習以前完全不感興趣的事。

啓示是一小塊的無明面紗暫時剝落，而你對你的大我知識有所收獲。啓示提供你關於更廣大實相——你也是這更大實相的一部分——的資訊，以及人類的更高計畫和你的更高目的。透過一連串的洞見，你會逐漸知道你的更高道路、你的使命和你的下一步。

啓示會讓你從更高、更有智慧的角度，看見事情為什麼發生。你會對人們和事件有更大的了解。你會逐漸發現生命的意義、宇宙的目的和在一切現象背後的原因。每一次的啓示都會揭開你和高次元之間的面紗，給你更多更大畫面的片段。

當面紗揭露，你對你的生命和整個宇宙的視野會更寬廣。這種知識來自更高的真理，它永恆不變，但是你不知道，直到你準備好向你的大我更廣大、更無所限制的觀點開放。

看到更大的畫面會讓你看見宇宙的完美。你會了解原因和結果，也會開始在很深的層次明白你所做的每一件事都很完美。你也許會明白，你在某些地方的不舒服是為了讓你向目標邁進；也或許會發現，感覺失衡和偏離，只是一段學習如何感覺平衡與踏上道途的過程。或許有個內在洞見會告訴你，你的疾病只不過是為了讓你的身體恢復平衡和進入更高的振動，或是為了幫助你進入新層次的自我之愛。看見更大畫面會給你一種內在的寧靜和自信，因為你明白宇宙完美地運作，是為了帶給你更高的益處。

你可以藉著問自己諸如以下的問題，增加你看見更大畫面和接收啓示的能力，例如：「我為什麼在這裡？我來這裡做什麼？」運用你的想像力，去問一些會帶給你關於宇宙本質的啓示的問題，想一些能夠帶給你更大畫面的問題。你可以問像這樣的問題：「我從哪裡來？死亡之後我會怎麼樣？地球是唯一有生命的星球嗎？我在別的次元旅行和生活著嗎？我有前世嗎？」

## 當你的靈性成長，你會了解你的生命目的

請你想想你目前生活中的活動，問自己這樣的問題：「這一個活動真正的意義是什麼？它如何融入我生命的更大畫面？我在做的事如何為世界增加更多的光？」當你問這些問題，你會更明白你現在正在做的事如何與你的生命目的相關連，你也許也會得到一些洞見，了解你過去做過的每件事如何完美地配合你現在正在做的事。

只要你要求，你會收到許多關於你的特定生命目的和如何實現的訊息。你為了許多理由在這裡出現，有許多要學習的功課、要培養的高等品質，和你要為人類做的特別貢獻。本章後面的冥想是進入阿卡沙祕錄所在的圖書館的旅程，你和人們的靈魂紀錄都保存在那裡。這個圖書館位於宇宙心智的更高次元，你可以用想像力到達那裡。阿卡沙祕錄保存著你累世的生命紀錄。

啓示通常會在你放鬆的時候來到，愛迪生許多最好的點子都在他小睡——身體放鬆和關掉一般知覺——的時候出現。愛因斯坦追問時空本質的問題很多年，那些問題讓他發現相對論。他的突破來自一個夢，夢裏他看見自己乘著光到達宇宙的盡頭，而那個光的前進方式給了他想要的突破。

啓示可能會在你沉思、冥想、散步甚至沐浴的時候來到；啓示是具有創意的突破，帶給你有關實相本質的新洞見、可能的新願景，以及對發生在你生活中的事更大的理解。啓示可能簡單，可能複雜，它們通常會伴隨特別的感受出現。有些人會起雞皮疙瘩、感覺像是有電流流過，或是出現其他的身體感受。有時候出現的並非身體的知覺，而是心中一種「卡嚓」定位的感覺。你有很多方法可以接收啓示——也許是直接進入頭腦的洞見、透過通靈、透過書籍或聽見什麼。

有一位女士很想知道她為什麼出生，還有她為什麼選擇這麼特別的父母。有一天，當她坐著聆聽音樂的時候，她收到一段訊息：「你來這裡是為了開展開放的心。你在過去其他的生命中，選擇了所有把心封閉的環境。在很多前世中你選擇不知如何愛你的父母，他們常常批評你，沒有時間陪你，還做出很多讓你無法愛他們的行為。然而，因為他們是你的父母，你是他們的孩子，親子之情讓你發現你的心是愛他們的，於是你學習去愛那些你先前認為不是愛的行為，從而在靈性上成長。」

啓示挑戰你相信你接收的想法而不認為它們是你虛構的。當你達到某種程度的靈性開展，很多資訊會透過你的頭腦和內在的感覺而來。

透過相信，你可以滋養你接收洞見和啓示的能力。當一個新的想法或不同的想法進入你心中，你可以把它當成土壤中剛發芽的小種子，如果你對自己說：「這個想法可能會實現，它可能是真的，宇宙也許會這麼做……」等等，它就會成長茁壯。你能成為新想法的園丁，滋養它們並鼓勵它們發展。

## 學習相信你接收的洞見

當一個啓示剛出現時，它也許並未完全成形，你可能瞥見了什麼，又感覺你碰不到它。通常啓示第一次出現時都是未成形的思想片段。讓新的想法流進你，不要一開始便企圖讓它們有道理或希望它們是完美的。把玩你的洞見，你會對它們愈來愈了解。當你逐漸而穩定地接收額外的補充，便會建構完整的畫面。

有些點子進來的時候也許帶著衝動和興奮，為你顯示新的生活方式。起初你也許還看不到有什麼實行的方法，但是當你繼續把玩它們，一條明顯的道路會出現，你可以用這條路從你現在的地方去你想要的地方。雖然對洞見採取行動很重要，然而除非你的想法已經完整到你能成功地實現，你不會想開始行動。當你思考這些想法，它們會愈來愈完整。你會開始為自己吸引環境、機緣和人，把它們帶進你的生活。

你可能感覺你一直在追求、找尋答案和意義。你也許希望一次知道所有的事。你需要用一種對你而言很舒服的速度來接收啓示，因為如果資訊來得太早或太快，或是要你以太劇烈的方式改變現有的信念系統，都會讓你感到迷惑。信任你正在以你能夠處理的速度接收對更偉大實相最多的了解。

如果你一下子收到太多資訊，你可能會排斥它。你也許可以想到一個你現在認為正常，但是過去你曾經認為它太奇怪而嗤之以鼻的想法。每一次你收到啓示，需要融入你現存的信念系統和目前的理解程度。

有一些啓示挑戰你向新的實相觀點開放，並用不同的方式看待你的生活。要接收更多的洞見，你可以從對新想法盡可能保持彈性和開放開始。

## 重要的是運用你的洞見讓生活更美好

當洞見和啓示剛發生的時候，它們可能帶給你放鬆、興奮和喜悅的感覺，這種很高昂激躍的感覺也許伴隨著一段興奮消退的時期。此時你的任務是執行你的洞見，並將它們融入你的生活。

例如，你或許收到一連串關於你的人生志業以及改變生涯方向的啓示。你也許決定重新檢視你目前的工作，而且很可能採取一些新的行動。對於你的新道路將如何為你和別人創造益處，你可能有很多讓你興奮的想法，而且對於執行你的洞見感覺充滿熱忱。

在你對於新生涯道路第一時間的興奮期過後，你需要採取洞見所指示的行動來實現它。收到洞見是不夠的，你的成長來自執行它們。你接收的創意想法，在你執行它們的時候，會帶給你新層次的個人成長和展現。把你的洞見付諸行動，也許會要求你去做新的事情、學習新的技能、冒些風險和進入未知的旅程。實現你的新道途，會挑戰你擴展你的潛能、保持創意，並以不同的方式思考，而這些都是啓示的本質。

在洞見指引你生活如何更好的時候，要學會對洞見和想法採取行動。實現洞見的過程會帶給你靈性成長，熟悉那個過程和完成目標一樣重要。不採取行動的人，無法從洞見和啓示中獲得它們想帶給你的好處。實行你的洞見會給你所需要的技能，讓你去創造更好的生活、擁有更多豐盛和感覺更大的活力。

不需要尋求別人的認可，因為你接收的想法會是新的，超越大眾的思想。有時候，也許每一個你認識的人都會讚揚你，稱頌你的點子有多麼好，但是別等待這種支持才去相信和執行你的想法。發展相信你自己和你的洞見的勇氣，做你看起來最好的事，而不是別人要你做的事。

你最近曾接收到要你對某事採取行動的洞見嗎？問自己什麼樣的步驟——即使是最

簡單的一步——能讓你得到這個洞見的好處。當與行動結合，洞見和啓示能創造非常有力的結果。想法本身不足以創造你在這個世界的成功；你需要信任你的想法，運用它們，並堅持去實現它們。

生活會變得更容易，如果你明白生活的更大畫面和宇宙的意義。你有個指引你的願景。當你看見更大的畫面，你能在很短的時間做許多事，因為你知道採取什麼行動去創造最大的成果。你知道你的時間和能量用在哪裡最好。看見更大的畫面，讓你做起那些日常實務的事情更加愉快，它們會更有意義，因為你明白它們如何為你生命的更大畫面有所幫助。

## ❖冥想練習——看見更大的畫面

這個冥想的目的是進入阿卡沙祕錄，知道更多關於你的資訊，包括你爲什麼選擇此生，什麼是你的更高目的，你來這裡學習的功課是什麼，以及更多關於你對人類服務的事。

阿卡沙祕錄存放在阿卡沙圖書館，它存在超越物質世界的更高次元。阿卡沙祕錄保存你和人們轉世的生命資訊，記錄你的成長、生命目的和更多資訊。

**步驟：進入大我狀態來做這個冥想。**

1. 召喚光的到臨，想像一個光蛋環繞著你。想像光蛋變得非常美麗，它的大小讓你感覺舒服，你可以想像它是一個能夠承載著你的光泡。感覺你開始向上飄升，愈來愈高，你被帶進了更高次元，到達阿卡沙圖書館。

2. 你站在圖書館的門口，它看起來如何？當你準備好了，進入圖書館看一看。你可以看見一排排陳列良好的書冊，代表你和人們的生命紀錄。

3.你遇見一位層次很高的存有，他溫暖地招呼你。你用意念告訴他，你想看你的生命紀錄。當你提出這個要求，你發現頃刻間你就出現在自己的大我紀錄前面，因爲在更高次元，你想到什麼就經驗什麼。

4.這些書冊記錄著你所有生命的目標、目的和貢獻。請你抽出你此生紀錄的那一冊，它看起來如何？當你準備好，打開這本書看它的第一頁，第一頁紀錄了你人生志業的本質，以及你今生要做的貢獻，那一頁寫了些什麼？

5.翻到下一頁，你發現更多有關你的人生志業和今生貢獻的資訊，想像你看到那些紀錄的內容。

6.當你翻到下一頁，你找到你此生要學習精練的品質——例如愛、勇氣、信任和慈悲。什麼是你目前正在開展的品質？

7.如果還有什麼你想看的內容，請你自由閱讀。哪些你今生的重要事件被記錄在這裡？從大我的眼光來看你現在發展的特質，哪些是最重要的？

8.當你準備離開，想像你再次在圖書館外面。用光包圍自己，讓光泡把你帶回現在的地方。如果你想知道更多此生的資訊，可以隨時回到那個圖書館。

# 6

# 對內在空間打開知覺

有許多實相存在於超越你的肉體感官所能看見、碰觸和聽見的地方，那是你的大我所居住的更高次元。這些實相都非常真實，你的大我、別人的大我和許多高度進化的存有都住在那裡。

通常你的大我存在的次元是以振動構成的空間，它們的振動頻率比你們的物質世界更高。你世界中的每一樣東西都有振動——你身體裡的原子、你的家、你吃的食物。讓物質對你而言如此堅固真實的原因，是它們的振動頻率和你的振動頻率間的相對關係。高次元之所以和你的次元分離肇因於它們的振動，它們快些、平穩些，是更高的振動。

當你的靈性成長，你的振動增加，大我所在的高次元會變得更為可知與真實。因為這些實相是可以透過你內在世界的思想、想像和內在感受來認識的，因此我稱它們為實相的「內在空間」。

## 有一個高靈群聚的靈性社群在內在空間一起工作

當你能對準你的大我，你也就能覺察你的大我存在的次元。你可以有意識地加入這個更高社群的存有，你的大我是他們的一分子。

這個高靈社群的更高目的之一，是和宇宙心智與大我意志一起合作，來協助全體生命進化。他們持續幫助人類覺醒，並且和大我意志一起傳播靈性能量。他們幫助所有追求成長、服務他人和要求協助的人有更輕鬆的旅程。你能夠更覺察到在這些在更高次元中，為了實現進化的計畫而進行的工作。有了這種知覺，明白和實現你自己的更高目的也會更容易。

這些存有們，有一些會在他們的其他貢獻之外，扮演指導靈的角色，密切地與特定的人一起工作。另一些存有們則用許多不同的方式，幫忙那些開放和要求協助的人。每一個要求幫忙的呼聲都會被聽見。你的大我和這些更高的存有們會立刻送出光和協助。一切的資源等在這裡，當你要求協助時什麼都不缺。只要你知道在高次元有多少愛等著給你，你就永遠不會再感覺孤單或擔憂。

在更高的世界中沒有分離的感覺，所有的存有都在他們能創造最高益處的地方貢獻，就像你們通力合作創造重要的事物一樣。有時候你的大我會和你一起合作某件事，有時候你的大我會和高層的指導靈一起，支持和幫助你的人生志業和靈性成長。

在更高的次元從來沒有批判，有的只是彼此的尊重和仁慈的話語。那裡只有溫柔、謙虛和對工作的專注。所有的存有都互相持有更高的願景，並送無條件的愛給彼此。在那裡沒有不為別人福祉著想的自私想法。

如果有人在進行什麼計畫，那麼它就是每個人的事。那裡沒有誰感覺必須獨自完成什麼，所有的工作都受到全體的能量支持。沒有匱乏或競爭的想法，一切都是神聖而完美的宇宙秩序的一部分。它是個接納的團體，每個人都可以參與協助需要幫忙的人。在你的大我所住的次元仍有個別的感覺，但是每一個個體與全體連結的程度，比你們的實相大得多。

你和這些更高次元是透過你的上層感應中心連結。你們大部分的人都是用情緒中心接收感應，當你在人們身旁「擷取」到他們的感受就是這樣的經驗。你靈性成長的一部分，是學習對別人的情緒訊息保持透明，並打開你的上層感應中心，讓你能夠接收來自大我的指引。

你的上層感應中心是意念和直覺式的，告訴你去做什麼的清楚意念或直覺感受，便是透過這些中心接收。在你連結你的大我，聆聽並遵循它的指引時，你便自動開啓了你的上層感應中心。

你可以利用你的上層感應中心傳送訊息給別人的大我，或是用它去覺察其他生命形式在靈魂層次的意識——例如植物、動物和礦物。透過更高的心電感應，你可以覺察許多為人類服務的更高存有，如果你要的話，也可以去覺察你的指導靈以及你的大我所在的次元。

你可以連結這些更高的存有，只要想像你和他們連結就行了。如果你正在進行一個計畫，可以要求額外的指引和幫助。想像光傳送給你、你的工作或你心愛的人。你並不孤單，當你連結這個更高社群，有很多協助、支援和力量，等著要支持你和你在人世間的工作。

透過內在導向而非外在導向，

你可以在內在空間工作

當你像你的大我一樣地生活，指引和訊息會來自內在而非外在。來自大我的指引在你的上層感應中心接收，透過你的想像和頭腦傳送給你。既然你和高次元的連結從內在發生，請留意你的想法、內在知覺和想像。

冥想是一個很有力的工具，能夠讓你對高次元和大我訊息保持覺察。冥想讓你安靜思緒並聆聽你的大我，它讓你能更注意內在實相的畫面、意像和想像。當你冥想時，你增加你的振動和頻率，你的大我所在的次元會變得比較可知。冥想增加你的敏銳度，讓你對來自更高世界和大我的想法、概念和意象有更靈敏的知覺。

冥想可以是放鬆的狀態、觀察和集中精神。冥想能以許多形式發生，從平靜你的頭腦到專注特定的目標。冥想是一種內在反省的態度，一段心思集中的時光。當你專心地思考如何幫助別人或實現你的生命目的，你就是在冥想。冥想中你可以送光與愛給人們或安靜坐下平靜你的頭腦。那些讓你放鬆、專心或平靜頭腦的事——在森林中漫步、聽音樂、靜坐或思考，都能讓你連結你的大我和更高的次元。

你可以藉著學習放鬆、聚焦和專注，來增加你連結高次元的能力。你不需要靠正式的冥想練習做到這件事，你在你的日常活動中就能練習。同樣地，你也可以在進行日常活動時，練習平靜喋喋不休的頭腦，甚至在活動中達到冥想的狀態。當你和你的大我合一，你會擁有穩定的靈性焦點而維持與高次元恆常的連繫，如同它是你的主要實相。你不再需要靜坐幾小時練習正式的冥想，因為你已經在冥想的狀態——主動的接收，向內聆聽，以及專注的知覺，不管你在做什麼。

## 你可以感覺水晶和其他生命體——例如動物和植物的能量

作為你的大我，你藉由內在空間連結所有生命體的靈魂意識。運用想像力和更高的感應能力，你能有意識地連結礦物、植物和動物的靈魂。當你更能覺察你的內在世界，你會明白你和其他生命體的合一，並了解其他生命的意識。你仍然會維持你的個別性和自我感。感覺融合和合一意謂著你有能力，從你正在專注的任何事物或對象的觀點體驗生命。在你學習如何透過其他生命體的「眼睛」來看生命時，你會得到慈悲、智慧和對你自己更深的了解。

你可以用想像力連結其他的生命體。下次當你靠近一棵樹，靜靜地坐在它旁邊，假裝你是它，當你假裝你是那棵樹，用你的感知對準其他的植物，想像這棵樹看見它們的樣子。這棵樹如何經驗白天和晚上、炎熱和寒冷？這棵樹又如何經驗你？當你這麼做，你可能會有超乎言語形容的細微感受、印象和畫面。

這是與全部生命合一，並體驗你大我意識的這個面向的開始。你能夠從這棵樹擷取意象，並感受它某種程度的實相，因為你和樹在某個更深的層次上是合一的。用你的心和想像力，你可以和任何你對準的事物合一，對它的意識獲得更大的了解，石頭、樹木、植物或任何動物。別擔心這是否出於你的想像，信任你所接收的印象。

你可以覺察水晶的意識。這個時代有很多人被礦物的王國吸引，特別是水晶。這是因為它們的分子結晶模式，能增強你透過實相的內在空間對準其他次元的能力。內在空間由光網所組成，它們很類似晶體結構。在身邊擺放水晶有助於你提升用心電感應傳送能量，以及運作內在空間和更高次元的能力。

## 你可以用內在空間發送和接收心電感應的訊息

你能以心電感應的方式貢獻世界和平或幫助別人，透過內在空間送光給他們或全人類。當你這麼做，你為世界增加的光就像任何實質的行動奉獻是一樣的。你可以想像內在空間是非常井然有序的精細光網的巨大組合。愈高的次元有著愈精細的光網，訊息能夠沿著光網從你的大我旅行到別人的大我。

你可以送心電感應的訊息給你認識的人，從你的大我發送給別人的大我的訊息會帶來結果。想一個你想溝通的人，安靜下來，想像一個環繞你的精細光網筆直地向上伸展。然後，想像一道光從你的心發出連結對方的心。用意念告訴這個人，你愛他，你接受他本來的樣子，表達任何你想送出的愛的訊息。

有位男士在和妻子為孩子起爭執時用了這個方法。先生覺得妻子太縱容，妻子覺得先生太嚴厲。他們僵持不下，走進了死胡同，誰也不退讓，甚至到誰也不想和對方說話的程度。這位男士透過內在空間，從他的大我送給妻子一個心電感應的訊息，告訴她他愛她，並且希望他們之間能和平相處。在他送出訊息後不久，他的太太過來告訴他她想到一個新的解決辦法，結果他們達成一個彼此能接受的協議。

在這行星進行改變的時代裡，人們也快速地改變著，新的形式、想法和資訊在這個星球氾濫。如果你想在外在世界找到安定，你可能會感覺迷惑和不安。當你進入內在，連結更高次元和你的大我，你會找到愛、安定與和平。一種和平、成功和靈性焦點的能量傳播和其他光的表達隨時可得，你需要的只是安靜下來，想像你對準這個傳播並接收它。

不僅更高的存有存在於內在空間，內在空間還有許多不同的美麗地方。例如，有一些地方存在愛、慈悲、勇氣和其他品質的純粹音頻。它們各自維持一種恆常的純粹音頻，像是喜悅，並將它播送到許多次元。這些地方由能量、聲音、光和振動所構成。你可以用意念旅行到這些地方，並吸收它們發送的品質。它們作為一種參考點，發送某種感覺基調的純粹振動，貫穿許多的宇宙。任何你想要擁有更多這些品質的時候，你都可以用意念旅行到這些地方，盡情地吸收你想要的品質。

某些時候你可能有一種鋪天蓋地的衝動想要靜下來，隨後你感覺有一陣能量或力量貫穿你。這些是你的大我在做偉大的世界工作，幫忙從內在空間送光和能量的時刻。你的回應可以是安靜下來，讓這一陣高頻振動的能量貫穿你。如此，你的靈光會變得更加閃耀。

當你打開內在空間的知覺，你會對於來自更高世界和你的大我的感應式訊息更敏銳。你透過心電感應幫助別人、為自己接收指引與協助的能力會不斷成長。你在大我意志的實現上扮演更重要的角色，並且更覺察人類更大的進化藍圖。你會被視為更高社群的一員，協助全體人類和生命達到它們最高的潛能，你的靈性成長和人生志業會獲得許多愛與支持。

## ❖ 冥想練習——對內在空間打開知覺

這個冥想的目的是打開你的上層感應中心，並會見更高社群的存有，他們在內在空間一起工作，幫助那些正在覺醒或要求指引的人。

**步驟：請在身邊準備一枚你可以握在手中的水晶。**

1. 召喚光的到臨，想像你被光所環繞。想像你在一個光泡中，而它帶你進入一座有很多高靈聚集的殿堂。這些更高存有正在一起工作，提升人類的振動，並幫助人們與他們的大我合一。他們不斷傳播和平、愛和靈性覺醒。

2. 當你抵達這座殿堂，請感覺四周的和平、愛和喜悅。注意這座殿堂和周圍的景物是何等美麗，聆聽大自然的聲音和美麗的低聲唱誦。

3. 你的大我向你走過來。感覺他對你傳送無條件的愛、和平與寧靜。當他站在你眼前，他觸碰你的頂輪，位於你的頭頂上方，幫助你在靈性上覺醒。然後你的大我輕柔地觸碰了你的第三眼，位置在你的前額、兩眼之間的地方。這更進一步地打開你的內在視野，並將兩個中心對準你的大我的振動頻率。

4.現在，你的大我引領你進入一個美麗的花園，在那裡許多高靈們環坐成一圈。他們正在播送和平、愛和喜悅的頻率，傾聽的人都可以聽得見。你和你的大我被邀請進入這個圓圈，坐在圓圈的中央。當你入座，你開始對準他們的傳播，感覺愛和喜悅貫穿你。任何時候你想要感覺更好，你需要的只是想像你坐在這個圓圈中接收傳播就可以了。

5.感覺每位高靈送給你溫暖的歡迎，和他們對你加入這個更高社群的喜悅。每個人都送愛與支持給你的志業和靈性成長，花些時間沐浴在他們送給你的光與愛中。

6.三位非常崇高而有力量的存有走向前來，圍繞著你和你的大我形成一個三角形，你們被環抱在他們的光中，充滿了力量和愛，感覺一下你有多麼地受到珍愛。更多的高靈加入，形成層層的三角形環繞著你們，在這個光中，感覺你再一次與你的大我融合。現在，你是你的大我。

7.現在這些高靈形成一個更大的圓圈，你被邀請加入他們，一起送光給植物王國。當你送光時，用你的意念問植物王國有沒有任何你可以立刻幫忙的事，並詢問植物王國如何能幫助你成長。當你完成，想像你對動物王國也做同樣的事。

8.現在，你將要加入這所有高靈，傳送光與愛給礦物王國和地球本身。請你握著你的水晶，想像光從它流進地球，感覺你的愛和對地球的連結。問問有什麼你能立即幫助地球的事，以及你如何加強你和它的連結來幫助你的成長。

9.當你準備好離開，感謝高靈們的光。讓你的光泡帶你回到你的房間。感覺你與高靈的社群、植物、動物和礦物王國以及地球本身更大的連結。

# 7

# 進入更高的意識

當你成為你的大我，你會體驗很多更高的意識狀態。這些狀態隨著你的觀察力、注意力和提升的知覺自然發生。它們來自你能更精確地對準更高次元，並且有能力同時存在於更多次元，而並不只是你的地球實相。它們來自你變得更清明，相信一切都有可能，並開放你的心探索未知。

當你成為你的大我，你可能會經驗更多的心靈力和感應能力、靈視力和前世記憶。靈性成長並不需要開展這些能力，但是這些能力會是你成長的一部分。你可以有意識地培養它們，或是在成長的過程中體驗它們自然的發生。

藉由增加你的知覺，你可以有意識地開展更高意識的技巧。你做的每件事都有比你通常注意到的更多層次，你周圍發生的事比你通常覺察到的更多。當你變得更有觀察和覺察的能力，你會注意到存在你周圍的精細能量；它們始終都在那裡，而你可以運用它們改變你的實相。

你在同一個時間可以覺察多少層次的事？你能同時注意你的呼吸、姿勢、思想、情緒、肌肉的活動、房間的聲音、衣服碰觸皮膚的感覺和你周圍的氣味嗎？你的能量能夠超過身體範圍多遠？試著覺察你對精細能量的豐富感受。

當你變得更覺察，你會把你的大我意識帶進你原來無意識的地方。你也許會有栩栩如生的夢境，或是夢見關於你生活的訊息和指引。當你的知覺提升，你可能會覺察你活過的其他生命，例如平行的生命或過去世的生活。前世記憶也許會開始浮現，例如你第一次見到某些人就立刻喜歡上他們，感覺彷彿你們以前就認識了，或是你到了一個新的地方卻感覺彷彿以前來過。

當你成為你的大我，你可能對你的心靈能力有更大的知覺。你可能會發現你就是知道一些事，而不明白你是怎麼知道的。你也許發現，你在別人還沒說話時就預測到他們要說的話，或甚至幫他們說完想說的話。也許你預感有事情發生而它果然發生了，也許你想起一個人隨後就遇見他或接到他的電話，也許你腦中閃過對某個陌生人的想法而後發現這個資訊是對的。雖然這些資訊原本就存在，但是當你成長並能夠覺察你的大我，它們變得更明顯可見，這種知覺讓你更能覺察你的想法和發生在你周圍的事。

發展對大我更大的知覺和敏感度——例如靈視力和心電感應能力——給你更大的個人力量和更廣闊的視野。當你擁有更高的超感能力，你會獲得其他次元的意識，而讓你在一般實相的運作上更有力量。你會知道如何有意識地創造以往視為奇蹟的結果。你會更有能力療癒自己、歸於核心與平衡、知道你是誰，並增加你周圍的正面能量。

你如何運用這些能力會決定它們是否為你帶來更高益處。它們會貢獻你的靈性成長——如果你用它們來服務和支持別人，並使用它們作為開創人生目的的工具。而如果你用它們來控制別人、誤用它們來滋養你的人格，或把它們當作追求的目標，它們便無法為你帶來成長。這些能力是滋養你成長的工具，並非你成長的目的。

## 當你成為你的大我，你的超感官知覺能力會增加

你的超感官知覺能力——你感受、看見和聽見超越肉體感官的訊息的能力——會增加，而讓你對這些精細能量變得更敏銳。你們很多人已經有超感官知覺的體驗，卻不知道如何稱呼它。例如，你可能看著一個人便直覺地知道他哪裡不對勁。你也許觸碰一個人，就不假思索地想用特定的方式移動你的手，而你的手移動的方式剛好為對方創造了

放鬆或能量的改變。你也許發現你說話時手勢會隨能量揮舞。你也許在還沒有任何症狀出現之前，就知道你感冒或生病了。

你可能感受得到別人的身體、情緒體和心智體。你或許也能覺察人們的能量模式哪裡缺乏和諧。有些人透過他們的內在眼睛，可以看到別人能量被干擾的地方顯得濃密或黑暗。它們可能是疾病會發生的地方，或者顯示這個人擷取了別人的能量，但是那個能量模式與他自己的並不和諧。

當你成長，你會發現更多關於你自己的能量系統的事。你會學習運作能量療癒自己，甚至在身體內轉化食物。在能量層次工作，你能對自己創造劇烈的變化。開始開展你的靈視力——你對你的能量體工作的能力，從信任你的想像力、保持遊戲的心情、保持創意、發揮創造力開始。例如，如果你感覺自己快感冒了，假裝你能看見你的氣場——環繞你身體周圍的能量場，從你的身體表層向外伸展。注意它是否有什麼地方看起來或感覺起來不對勁。如果你不能真地看見也別懷疑自己，假裝你在用你的內在眼睛看它。

有些人想像如果有疼痛或疾病發生，他們的能量場會塌陷或太貼近他們的身體，有些人則會感覺顏色。你可以開始想像你的能量場擴大，看起來美麗而平衡，然後讓它的顏色變得更美或為它增添色彩，送光給這些區域，盡可能保持遊戲的愉快心情，直到你感覺有變化。要創造持續的改變，關鍵在於你有能力觀察極細微的短暫變化。恭喜自己，即使這種身體感受的變化只持續一、兩秒鐘。任何改變都表示你在對的途徑上，而你的作為正在影響你的能量。

有一位男士的喉嚨疼痛。他是位歌手而且即將要上場演出，一點也不想失去聲音。於是他開始想像，假裝他可以看見他的喉嚨周圍有一圈圈的光環，有一些似乎太緊密，所以他想像把它們拉開。這麼做立刻讓他感覺更加疼痛和緊縮，於是他停止使用那個意象。

他本來不相信運作能量會產生任何效果，因此那個立即的變化鼓勵了他，即使那是錯誤的方向。然後他想像在喉嚨周圍增加許多光環，把它們調整得更細緻，為它們加光。他的喉嚨開始感覺好多了，雖然每次感覺很好的時間只有幾秒鐘。他在晚上醒來好幾次，每一次都用想像力運作他發痛的喉嚨，他感覺好的時間也似乎愈來愈長。當他隔天醒來，發現喉嚨完全不痛了。

當你開展這種更高意識的力量，你對宇宙會有愈來愈寬闊的觀點。你對於什麼是可能的信念和想法會改變，你影響物質和產生實質效果的能力也會增加。當你有更大的技巧，能影響更多的人事物，你會發現你感受到的責任也同時增加。這所有的力量——心電感應、靈視力和更強的心靈能力，將給你更多的明晰和知識去幫助人們，也觸及他們的更高智慧。重要的是以對你而言適當的速度開展它們，並以最高的誠信運用它們。

## ❖冥想練習——進入更高的意識

這個冥想的目的，是協助你開展覺察更高次元精細能量的能力，並進一步激發你的心靈中心——「第三眼」，和你的靈性中心——「頂輪」。

### 步驟

1. 找個舒服的姿勢坐下。開始覺察房間的聲音、衣服貼在皮膚的觸覺、呼吸的韻律和吸氣的充足感。做幾次深呼吸，把你的知覺送進你的身體，保持最舒服的狀態。當你更進一步地放鬆，觀察你的心跳和脈搏。

2. 想像你融入你的大我燦爛的光明中。作爲你的大我，專心觀察你的情緒體，你可以想像你的情緒體是一層緊鄰身體外層的能量。作爲你的大我，把你的情緒體從身體層面向外「拉」開，直到它環繞著你閃閃發光，清晰而流動。

3. 現在，想像在你頭頂的靈性中心像是一朵蓮花，每一次當你成長並向上伸展，一枚花瓣就開啓，直到你擁有一朵千瓣的蓮花。想像全部的花瓣開啓時是什麼感覺。想像現在你的蓮花看起來如何，有多少花瓣是打開的？想像更多花瓣輕易地逐漸開啓，當它們打開，想像你自己被包圍在靈性體開啓的光輝中。

4.接下來想像環繞著你的光網，那是你的心智體。讓它向上伸展，變得更精細、更美麗。

5.作爲你的大我，用一道紫色的光環繞你的松果體，它位於你的兩眼之間靠近頭顱中央的地方。松果體管理靈性之眼的開啓，它讓你能看見這個次元和其他次元的精細能量，包括你和人們的光氣場。

6.放鬆你的眼睛，用柔軟的注視環顧四周，仔細觀察你看見的事物和平常有什麼不同，或對你注視的東西周圍的能量有沒有更大的知覺。如果你開始注意到事物周圍有柔和的光澤，試著看進那個光澤把它看清楚，看看它的大小、密度、它包含的圖案……等等。

7.當你回到這個房間，恭喜自己開始運作能量中心，以及願意看見周圍更多不可見的精細能量。

做這個冥想會加速靈視力的開展。靈視力有自己的開展速度，並以對你而言舒服的方式發生。認出每一個你對於這些過去看不見或認不出的能量有更多內在知覺的時刻，因爲你正在開始覺察更高次元，並透過你的大我的眼睛來看事物。

# 第二部

## 向內開啟

# 8 提高你的振動

提高你的振動源自打開你的心。當你感覺愛，你將體驗更多活力、擴展和更新。愛和宇宙一起流動而非抵抗宇宙。愛是保持柔弱的意願，是接納你為你而別人為別人本來的樣子，無條件的愛化解一切疏離。當你學會更愛自己和別人，你的振動會增加，你的能量會帶著較高次元溫和、精細的振動，你會成為你的大我。

## 愛是通往開悟的大門

藉由愛自己，你能更加打開你的心。愛所有部分的你，即使是那些你貼上負面標籤的想法和感覺。如果你感覺憤怒或懷疑，愛那些感覺如同你愛喜悅和和平的感覺。

愛你的人性如同你的神性；愛你的缺乏安全感和負面感受。如果你覺得無法寬恕或無法愛，請你也愛你的這些感覺。愛你所有的「不完美」，你無法藉由否認和怨恨它們來改變它們，但你可以透過愛來改變它們。當你愛你的負面感覺，它們才可能進化為正面的表達。

愛你的一切想法，即使是那些局限和恐懼的想法，把它們當作小孩子，需要你的愛和保證。如果你捕捉到你的負面想法，不要因為擁有它而感覺自己不好。愛你的每一個負面信念，那麼它們將不再對你有力量。如果你還在想像那些你不希望再想的事，愛那個還在想的你，會讓你更容易停止思考它。在你的負面想法旁邊放一個正面的想法，一個正面想法能夠抵消上百個負面的想法。

有一位女士很害怕電梯和高度。她討厭自己感覺害怕，總是企圖說服自己不要怕。不過似乎什麼也沒有用，直到她決定嘗試一個新策略：去愛她的感覺。下一次進電梯時，她在驚恐中不斷送光給那個害怕的感覺。隨著電梯的上升，她的害怕愈來愈輕微。電梯到達頂樓時，她感覺一陣釋放和擴展。

你可以愛你的負面感受，這樣能提高它們的振動，直到它們突破束縛變為光。或者你可以憎惡、抗拒它們。怨恨它們會給與它們更多控制你的力量。愛你的人性，它們是你到這裡來要體驗和學習的事。愛你的弱點如同你的優點，因為那些是最需要你的愛來進化的地方。當你愛你的負面感覺，你的世界會擴展，而你的選擇會增加。

## 愛創造療癒

能量的緊縮形成疾病。當你不愛自己的時候，能量會發生緊縮。例如，如果你感冒了，它可能是一個表示你不夠愛自己的指標。如果你感覺快要感冒了，你可以自問如果你感冒了你會做什麼滋養自己的事。你也許會多休息或放下你的壓力。那麼承諾你自己，即使沒有感冒你也會做那些事情，那麼常常你的感冒就會消失了。當然，要做到你的承諾！

在比較長期的疾病中，你也許會注意到，你的想法和感覺在你開始好轉的時候有某種轉變。你創造某種疾病來提供你機會，釋放陳舊能量並進入新層次的自我之愛。當你更愛自己、更尊重自己，你的振動提高，任何疾病的病程都會改變。

大部分由真正的治療師達成的療癒之所以會發生，是因為治療師比被療癒的人有更高的愛的振動模式，和更大的生命能量，至少在引發疾病的範疇是如此。治療師的能量場向外擴展，創造空間，讓一個人更愛自己。當他更愛自己，緊縮和引發疾病的地方也會擴展，創造了讓療癒發生的機會。

## 你可以用的愛的想法環繞人們，讓人們更堅強

如同你愛自己和接納自己一樣，把這種感覺延伸給別人。人們在特定的背景、環境和信念下，已經在做他們知道最好的事。與其批評和責備別人，問問自己能做什麼來讓他們的生活更美好。一位女士因為酗酒和疏忽對孩子的照顧而被一群好友指責，後來她們發現自己需要更有愛心，所以就問自己可以怎麼做來幫助她。與其試圖改變她們的朋友，相反地她們開始用意念送出訊息給她：她們以她現在的樣子愛她，然後開始送光給她。結果相當地戲劇化，兩週之後，她突然決定戒酒並回復正常的生活。

送給人們愛的想法。當你這麼做，你讓他們堅強並支持他們吸引美好的事。偉大的大師花很多時間處在深深的愛中，用心電感應的方式傳送愛與能量給要求幫助的人。

你可以送愛給過去和未來，它會產生很好的影響，因為愛超越時間。一位女士送愛和寬恕回到過去給她從前的男友，他多年前遺棄並傷害她的感情，而她偶爾還是會想起他的遺棄而感覺傷痛。她想像自己和他的大我說話，送愛和寬恕給他。不久之後，她發現她和先生的關係有變化，她變得能夠更開放、更柔軟，彷彿她不再需要保護自己不被

遺棄。如果過去你對別人或別人對你做錯過什麼事，送愛和寬恕回到過去給他，當你這麼做，你會提高你的振動。

當你對人們的愛和承諾進入新的層次，他們可能會開始表現一種從來沒有過的不可愛的行為。愛是很有力量的能量，一個人內在過去從未感受愛的部分，開始有足夠的安全感來展現。你的愛創造了一個安全的空間讓療癒發生。在你變得更有愛心之後，如果有人變得很不可愛，請明白它會發生，是因為你變得更有愛心，而非愛的缺乏。

## 所有的負面都為了呼求更多的愛

每個人都能運用更多愛。不要因為人們的無禮、無情或像是要傷害你的感情，而感覺被冒犯。你不知道他們發生了什麼事。送愛給他們，無論他們的行為如何。你送出的愛將倍增回到你的生活。即使人們做了很多不可愛的事你仍然愛他們，你會快速地增加你的振動。

一位女士去一間西藥房買東西，那個藥劑師對她很無禮。她雖然很想回擊，但是她相反地送愛給他，在她離開時曾想詛咒他，但沒有這樣做。所以她也原諒自己對他的壞念頭，這讓她更容易送愛的想法給他。幾週之後，她又去了那家西藥房，這一次那位藥劑師的反應非常不同。他不僅非常友善，還向她告白數週前他發現他的太太得到癌症，可能去日無多。因為發現這些隱藏的事實，她很高興自己當時是送愛而不是壞的想法。

許多你要處理的人，在靈魂的層面比你年輕，還不能像他們希望的那麼經常表現仁慈與愛。學習不回應人們的無情、無禮或缺乏體諒。用受傷或痛苦去回應，只會讓你離開平靜、清明的核心。送出寬恕，並對每個人保持仁慈與愛，不管人們的行為如何。愛自己，如果你做不到如你所期望那麼高的回應。

愛能再生你的身體細胞，並讓你離開地球空間的密度。如果你看見醜陋，愛那個醜陋；如果你看見人們的舉止卑劣，愛他們的卑劣。與其指責他們或把焦點放在他們的錯誤上，請明白你有機會因為愛他們而提升你的振動。當你向愛打開，你會經驗一個更美麗的世界。

## 你吸引頻率相似的人事物

因為你的宇宙中每一樣東西都有振動，你的振動速度決定你吸引給自己的人、事、環境和物品。於是，愛人，確實是給自己的好禮物——因為當你愛人，你的振動提高，你為自己吸引更好的事物。

你也許認為你比你心愛的人了不起或優越，感覺你的靈性成長讓你變成比別人好的人。所有的人的大我都是一樣的，雖然人們在地球的這一世，表達大我的能力有很多不同的層次。你也許會說：「我的同伴不冥想或和我一樣吃健康的食物。他不如我有愛心、平衡、穩定、理性、頭腦清楚，所以，他的程度不如我。」請了解你和你的同伴在一起，是因為你們的振動相近。

你吸引靈魂開展和課題相似的朋友和心愛的人給自己，你們各自都有比較先進的地方。你的振動有可能提高到你們不再有相同的開展層次，如果這種情形發生，你們也許會分開。除此之外，只要你和人們相處，平等地看待每個人，即使他們沒有做那些你認為靈性進化的人「應該」做的事。當你感覺優越或自以為是時，你緊縮你的能量，封閉你的心並降低你的振動。

提高你的振動會改變你和一切事物的關係。因為你個人的物品被你的振動吸引，當你的振動改變，你可能會經歷一段賣東西、丟東西或買東西的時期。你可能會看著你的衣櫃覺得沒有一件衣服感覺是對的，想要買新的衣物。你可能會搬家或遷居到新城市。

振動的提升也會改變你的自我形象。當你的自我認同改變，你可能會丟掉那些象徵你舊人格的一切。例如，假設你的皮夾遺失，你也許就放掉了你的駕照或其他隨身卡片象徵的身分。

你也可能會經歷一段周圍事物損壞的期間。電子設備對你的頻率變化特別敏感，因為你的振動速度影響你的電磁場，也許你會有幾樣電子產品同時損壞。你可以透過對你的所有東西建立新的連結，來中止這種東西損壞的模式。用想像和它們建立新連結，就像剛把它們買回來的時候一樣，把玩、欣賞或用愛處理它們。你可以走進房間，想像你送光給所有的東西，在你更新、更的高層次重新連結它們。

## 你更高的振動提升周圍的能量

當你把能量盡可能地提高，你設定了周圍環境的振動音調。人們會自然地擷取它。想一段你待在一個有愛心、寧靜而專注的人身邊的時光，你有可能也感覺自己更有愛心，平靜而專注。

你的大我存在愛中。每一次你對自己和別人展現愛、仁慈、寬恕和慈悲，你就是你的大我。學習去愛生活的每一件事——每個感覺、想法和你採取的行動。把自己想成一個美麗而有愛心的人，正在盡你所能地成長和進化。

## ❖冥想練習——提高你的振動

這個冥想的目的是打開你的心輪，讓你用覺醒的心去開啓和平衡許多層次的能量，從身體到靈性。

**步驟：進入大我的狀態做這個冥想。**

1. 把你的手放在你的心上，很有感情地對自己說：「我愛你，我接受你本來的樣子，我信任你，你很重要，你的生活很有意義。」對自己這麼說直到你感覺這些話很眞實。

2. 要求你的心指引你遵循它愛的方式，要求它更清楚地對你說話，告訴它你會聆聽。你可以相信你的心，它總是會引領你得到更高的益處。輕輕放下你的手。

3. 想像你的心像一顆星星，發出愛與光進入你身體的每個細胞。感覺從你的心發出的光平衡、調和、再生了你的身體，增強你整個生命能量的流動。

4. 用一些時間感覺你此刻的情緒。送愛給你認出的每個情緒。聆聽你的意念中浮現的每一個想法，送愛給每一個生起的思維。

5. 當你回到這個房間，深吸一口氣，感覺你的全身透出愛的光澤。

# 9 平靜你的情緒

在能量的層次上，你們地球的空間仍然是波濤洶湧。你們的宇宙尚未脫離我們稱為「創造的破壞」這種波動模式。在更高的世界，能量波是更穩定而平靜的。你們誕生地球的目的之一，是將這些更平靜、更安定的能量帶進地球次元，協助物質的進化。

你也許最容易在情緒中感受這種波濤。學習平靜你的情緒是成為大我重要的一步。強烈而厚重的情緒會把你帶離寧靜的核心，讓你很難聽見大我安靜的聲音。你能想像如果你總是感覺平靜、歸於核心而平衡，你的生活會是什麼樣子？你可能仍然有強烈的感覺要去做事情，但是它們會是和諧、平衡的感受而非混亂騷動的情緒。

情緒把你定焦在時間和空間中。你的情緒是燃料，推進想法實現；你對某些事物的渴望讓你更容易把它帶進你的生活。雖然你需要先有感覺才能創造，然而你可以從正面、和諧的情緒而非負面、不調和的情緒來創造。

在你進入大我的旅程中，有一部分是學習聆聽大我的指引來採取行動。當你的情緒平靜，你會聽見心中的指引而據以行動，並發現你的生活順利地流動。當你不遵循你的大我的低語和指引，也許你會發現事情變得比較困難，你可能會創造一個環境來觸發你強烈、激動的情緒。強烈、濃密的情緒是一種信號，表示你沒有遵循大我的途徑和指引。當你偏離大我愈遠，事情會變得愈困難，而你的情緒可能會變得更緊張而混亂。

例如，有一位男士一直想換工作。他沒有行動，然而很快地他愈來愈不想去工作。他開始感覺無聊煩躁，卻仍然沒有任何行動。這種感覺變得更強烈，他開始厭惡那個工作，並且生出一些小感冒和不舒服好讓他能在家休息。因為表現很差，有一天他終於被開除了。他馬上著手尋找新工作，令他驚訝的是，他立刻找到了一個很好的工作。他了解到如果他在一開始接到指引時就離開，事情會容易許多，不需要經歷這麼多的混亂情緒。

想要喜悅地成長，重要的是遵循你的內在訊息，做出輕鬆容易的小改變，那麼事情就不會變成失衡，而你也不需要創造觸發強烈濃密情緒的情境。

如果你對某件事有負面的情緒，問你的大我什麼是你需要聽見的指引，能夠讓這件事順利運作。每一個負面情緒都是你的大我有訊息要你注意的信號。當你聆聽那個訊息，就能採取大我指引你的行動，並改變那個引起混亂的情況。

如果你感覺負面的情緒，停下來，問你的大我：「有什麼訊息給我？我的生活中有什麼需要注意或改變的地方？」學習注意那些最輕微的煩躁、厭惡或負面的感受。有沒有你一直感覺負面的地方？暫停一下，對那個部分要求指引。

你們那些進化程度很高的老師也沒有辦法免除他們的情緒，因為情緒是人類經驗的一部分。然而，他們保持著寧靜和諧的情緒，不論發生了什麼事。他們聆聽大我的指引，並在周圍創造清晰與和諧。當你達到更高層次的處理境界，你也許還是會認出那一瞬間的憤怒或煩躁，但你會學習即刻處理它們，對你需要注意的地方要求指引，然後讓它們離去。

## 你有一種主要的「天生情緒」和一些附屬的情緒

有許多能量流以情緒的形式穿透你。其中一種是你的天生情緒，是你一生都會保有的深刻感覺。雖然你的每一個身體細胞和原子都和你出生的時候不同，除非經過重大的靈性轉化，你還是會帶著這種核心感受。

有些人選擇樂觀、快樂或滿足作為主要的感覺基調；另一些人選擇悲觀、憤慨或失意作為底層的感覺。有些人天性隨和，有些人則相當沉鬱、孤寂或不快樂。有些人選擇愛為主要的感覺基調，有些人選擇嚴肅的態度或玩世不恭。有些人選擇自鳴得意的優越感，有些人選擇感覺不值得和不如人。

花點時間想想什麼是你最主要的感覺。你通常是快樂、隨和或樂觀的嗎？還是緊張、擔憂、不快樂居多？如果你分不出什麼是你最明顯的感覺基調，只要知道你確實有一個主要的感覺，並要求更了解它。你也許會覺得它是一個內在音調而不是一種具體感受。除了一種主要的感覺基調以外，你還有五到七種附屬情緒，共同組成你此生的情緒特徵。你最常感覺的情緒是什麼呢？

你的大我選擇這些特別的情緒來引導你特定的經驗，那是沒有這些情緒你不會有的。你的情緒是透鏡，你透過它們來看外在的世界。當你快樂時，你看見的世界和你生氣或悲傷時不同。體驗每個情緒就像戴上新眼鏡，每一種感覺給你對世界不同的觀點。你選擇那些情緒，是因為那些觀點會提供你獲得最大成長的視野。

你選擇了情緒強度的範圍。有些人選擇很寬的範圍，從巨大痛苦到極大喜悅。有些人選擇很窄的範圍，喜歡在細微的層次上工作，像是輕微的喜悅到輕微的不悅。因為你活在極性的世界（live in a polarity），對於你擁有的每一個正面情緒，你都會經驗相反的一方。情緒的平靜來自發現平衡點，而把你所有的情緒帶進大我的和諧。

你有很多的日常情緒，它們大部分會快速飛逝。如果你回想你今天擁有的感覺，你至少可以認出兩、三種不同的情緒。情緒就像移動的力場，你可以體驗它們，然後讓它們流過你。重要的是不把自己和它們畫上等號，或是穿上它們太久，久過你能從中獲得禮物的必要時間。任何將你帶離核心的情緒都在告訴你，你在某方面並沒有和你的大我一起流動，你沒有和你的大我保持接觸。

你們有些人覺得，自己在擁有強烈和混亂的情緒時比較有活力。你也許擔心情緒平靜下來會讓你沒有活力。例如，當你和你的伴侶相處得太平靜，你也許會認為你們的關係失去了熱情和活力。你可能把濃烈和愛混為一談。有些人認為除非關係中有很多情緒戲碼上演，否則對方不會在意他們。他們喜歡高度緊張的感覺，創造戲碼是為了感覺它們。當你思考保持永遠的平靜時，你有什麼意像和想法出現呢？

你們有些人透過先體驗混亂的情緒，學習珍惜和諧的情緒。你可能生氣或哭泣了幾個小時，感覺受傷、被背叛或遺棄。你會到達一個強烈的負面情緒再也難以忍受的點，而渴望平靜勝於一切。在這種強烈的欲望下，你會開始做出改變，而將平靜帶進你的生活。你準備好放掉戲碼了嗎？如果是這樣，對自己說：「我選擇平靜。」

愛人們本來的樣子，
而不是你希望他們的樣子

如果你的混亂情緒來自關係的困擾，請你仔細觀察——你接受別人本來的樣子嗎？或者你保留你的愛直到他們變成你想要的樣子？支持別人成為他們本來的樣子，而非你希望他們的樣子，會讓你永遠是贏家。一般來說，當你放下期望別人成為特定樣子的執著，他們會變得更合作更可愛。

你最親密的關係包含了你最大的期待，也對於你保持平靜和停留於核心帶來最大的挑戰。如果你心愛的人惹惱你，問你自己：「我為什麼要這麼反應？我的什麼內在模式被他們觸動了？這個情境勾起我的往日傷痛嗎？我要從這個混亂中學習什麼？」

如果你對於人們的行為或對待你的方式感到失望，與其堅持你又沒有做錯什麼，不如問：「我在做什麼？我引起了他們的防衛嗎？我在要求他們用什麼方式來取悅我嗎？我對他們有誤解嗎？我接納和愛他們本來的樣子嗎？」了解你的言語和行為如何影響別人，讓你更容易和他們一起創造你想要的實相。

一旦你感覺受傷，你們很多人會變得自我保護和封閉，想要確保自己不會再受到傷害。從現在起，不論人們做什麼惹惱你或傷害你的事，把它當做你學習愛他們而非保護自己的機會。送愛給你受傷的感覺。要了解，人們傷害你的行為來自他們害怕自己受傷害的恐懼，而非他們有意傷害你。

有一位男士一直對他和妻子的關係感到氣憤，因為覺得妻子不在意他。他認為他太太應該要做到很多特定的事來證明她愛他，例如每天晚上在家、和他一起看電視、和孩子待在家裡而不是去工作。她真的很愛他而且已經盡力取悅他，然而她也想要保留職業生涯和偶爾外出的機會。他愈是生氣，她就變得愈沉默和抽離。有一天，突然來了一個靈感，他想通了是他造成了這場混亂，並且開始思考他可以如何改變。

他問自己為什麼對她的行為這麼惱怒，以及為什麼她一外出自己就感覺被拋棄。於是他了解到，他的父親也同樣地感覺被妻子遺棄，因為他的母親過世得很早。他把父親被遺棄的感覺當成是自己的，而試圖避免同樣的場景在他的生活中出現。但是，這種自我保護的努力，反而在他和妻子之間產生更大的距離——恰是他最不希望發生的那件事。當他不再責怪妻子的不是，並變得更鍾情和接納，他了解到她的妻子非常忠實，而且不會拋棄他。當他放下要她總是守在身邊的需要，信任她會做出榮耀彼此的事，他們的關係變得愈來愈平靜與恩愛。

## 無論別人做什麼，你都可以選擇和平

當你擁有不快樂的情緒，不要認為是別人引起的。如果你很生氣，停止責怪別人讓你生氣。相反的，直接處理你生氣的感覺。了解你為什麼感覺生氣，比企圖找出改變別人的方法，更能提升你的境界。

等待別人做特定的事讓你快樂，你是把快樂寄託在你以外的事情上。那是把力量交給別人並允許別人決定你的感覺。平靜的情緒來自你明白你的感覺是你的選擇。你不會希望你的美好感受需要倚賴外人或外在的情境。把你的能量和時間放在向上提升，和為自己的生活負責。

靈性成長意指，培養了解自己以及以更高的方式行為的能力，每一件出現在你生活中的事都在教導你認識自己。如果你的生活充滿混亂，也別怪罪自己；把它當作一個成長的機會而更了解自己。

注意你已經對你的情緒有某種程度的處理能力，因為有一些幾年前對你還是嚴重困擾的情況，你現在已經能很快地經過它們。也許幾年前如果有人對你態度輕忽，你會難過好幾天，現在你只是聳聳肩，認為這是他們的問題，不是你的。如果你現在還沒達到那個點，你也一定會達到的，在那時候你會說：「人們就是他們的樣子，我不把他們的行為當成是我的問題。事實上，他們的負面行為只是在告訴我，他們需要我更多的愛。」

你的意識狀態愈高，你的情緒對別人影響愈大，即使他們不在你身邊。每個人都會送出情緒廣播。當你的振動提高，會有愈大的生命能量貫穿你，於是你的情緒廣播會影響更多的人。你愈成長，就有愈大的責任發送平靜和諧的情緒廣播。在更高次元，一切存有以心電感應彼此連結為單一的意識，因此每個人貢獻崇高、和諧的感覺給整體是很重要的事。你也許注意過一個煩躁的人如何影響一屋子人，以及一個有力量、睿智和充滿愛的人，如何設定高頻氛圍讓人人依從。

## 所有的負面情緒顯示你與大我願景不合一的地方

如果你正在經歷情緒危機或混亂，去做一件能夠滋養你的事。躲起來看本書、洗個熱水澡或買一樣特別的東西送給自己。在你的房間騰出空間坐下來思考，閱讀，或聽聽音樂。為自己做點事把環境變得更美麗或更優雅。該是疼愛自己的時間了，做一些小事滋養自己，你將學會用什麼更大的方式滋養自己。愛你自己以及所有出現的情緒，花時間去檢視從這個混亂中你學到什麼正面的事？記住危機提供機會，讓你接觸你存在的最深層次，並以新的方式認識你的大我。這通常這是你創造混亂的理由。

如果你能在你的情緒出現時徹底地經驗它們，你能更快改變和釋放情緒。感覺你身體中的情緒。它在哪裡？如果它有顏色，那顏色會是什麼？別試圖說服自己離開那個感覺，讓你感覺它。在你能標定它在你身體的某個部位後，送光給那個區域。你會發現大部分的情緒，即使是最強烈的情緒，在你體驗它們、愛它們和聆聽它們的訊息後，會消失得很快。別去想是什麼問題造成那個強烈的情緒，專注於那個情緒本身的感覺。深呼吸，想像你的身體充滿光。

當你徹底感覺你的情緒，你就能夠釋放它。在釋放之後，請你感覺那個情緒較高的那一面。每個負面情緒的另一端都是正面的情緒。要求那個正面情緒出現，代替你感受的那個負面情緒。

音樂對你的情緒有很大的撫慰效果。音樂和情緒兩者都會振動，有共振和韻律。你也許注意到當你播放美麗的旋律或環境音樂時，它會安撫你或讓你感到喜悅。你可以利用音樂來平靜自己，或給你任何你想要的感覺。

你也可以利用冥想或放空頭腦來轉變情緒。特定的想法觸動特定的情緒。當你平靜地思考，你安撫了你的情緒。你的情緒也會回應你的身體動作，並且可能被特定的食物影響。許多運動，例如走路、跑步、游泳和騎自行車，都可以平靜你的情緒體。它們停止你的頭腦，透過創造一個更穩定的能量流動，把你的想法帶進更高的振動。

你可以選擇以寧靜替代憂慮，以平靜替代混亂，以愛替代衝突。當你遵循並聆聽大我的指引，你的生活會更輕鬆、更喜悅。當你平靜你的情緒，你對地球次元的混亂會保持透明，並能轉化它為穩定、和諧和更精細的大我振動。

## ❖冥想練習——平靜你的情緒

這個冥想的目的，是把你的情緒對準更高次元純淨、崇高和精細的感覺基調。

**步驟：進入你的大我狀態來做這個冥想。**

1.你可以利用你的呼吸來影響情緒。從深呼吸開始，在你呼氣時吐出比平常更多的空氣。當你吸氣時，拉直你的脊柱並調整腦後、頸後的區域，讓能量沿著脊柱向上流動，從你的頭頂出去。

2.想像你在一個光蛋中，向上飄升進入更高的次元。在這些次元中有一些眞實的地方，在那裡，美麗的能量基調和純粹的情緒音符發射它們的引導振動。每一個地方發射一種不同的振動，那些都是最精純的品質。有一些振動是愛、慈悲、勇氣、和諧、喜悅或和平的感覺基調，還有一些地方發出的振動是你可以想像的美麗感覺。這些純粹的振動就像標準音叉，提供參考基調，讓這些更高的振動爲一切的存有所取用。

3.什麼感覺——諸如信任、愛或勇氣，最有益於你此時的成長？想著這個品質，當你這麼做，你被吸引到這種感覺基調最純粹和最強大的地方。靜靜地坐在你挑選的感覺的美麗基調中。

4.讓這裡發射的傳播在你的情緒產生共振，讓你能攝入這個品質，把它變成自己的。感覺你在振動上的改變。

5.想像你在某個未來的情境中展現這種品質或感覺。當那個未來發生時，你也許會感受到這個純粹品質的振動貫穿你，成爲你的一部分。

6.當你準備好了，請你乘著光蛋回到這個房間中。你可以回到這一個或任何其他的感覺基調中，在任何你想要的時候。

# 10 允許更高的美好

你的大我總是想把你引導到更高的美好中。你的大我愛你，想要你擁有每一件你想讓你的生活擁有的好事。想想你把愛給小嬰兒或喜歡的寵物是什麼感覺？他們允許你愛他們而不覺得自己必須回報你。你感覺很好，也會因為你有能力給與而成長。你的大我也一樣——它想要給你每一件你能想像的好事，甚至更多！

## 學習接受你的大我給你的一切好事

你們很多人需要學習如何接受。你們大部分的人，只接受不到百分之二你的大我給你的好事。閉上眼睛一會兒，想像其他的百分之九十八正要進入你的生活。你的感覺如何？你發現自己開放接受它，還是開始限制自己讓多少好事進來？想像你能接受得更多，就像打開水龍頭一般讓更多好事流向你。

你值得擁有美好的生活——充滿了愛、豐盛、好友、良好的健康和摯愛的人際關係。你的大我是全然的豐盛。當你向你的大我更高的美好開放時，你便與你的大我合一。你可以從相信美好的生活本來就是你的開始，它並非你必須賺取或付出代價才得到的事情。宇宙的更高計畫，就是讓全體存有都擁有美麗、和諧和豐富的生命。

允許法則非常重要，你總是輕鬆而毫不費力地讓事物進入你的生活。有許多你認為應得的事，你毫不懷疑自己可以擁有它們。例如你也許擁有所有你想吃的食物、好朋友、別人的尊重和支持，還有許多創意的想法。藉著學習允許你擁有想要的事物，你能增加你帶進生活的好事。

雖然你輕易地允許豐盛進入你的某些生活領域，仍有一些你認為你不值得或必須努力的事。你值得擁有你能想像最偉大的事物，就像你值得擁有你允許自己輕易得到的較小事物一樣。你不需要做任何事去「值得」更高的美好。你是一個美好而有價值的人。那些擁有豐盛、親愛的關係和快樂的人，並不比你更值得或更好。他們只是允許更多的好事進入他們的生活。

你可以讓好事更輕易地進入生活，如果你不拘任何形式的話。例如，與其要求一個特定的人愛你，不如要求更多的愛，並讓它以一切可能的方式和形式來到。它可能來自朋友、小孩甚至陌生人。如果你讓更多愛從所有的源頭進入你的生活，你也許會發現那個你想要他給你更多愛的人也變得更愛你。

與其想著你必須努力去得到事物，不如把每件好事看成你「允許」和核准它進入你的生活。你夠愛自己所以能得到它們。現在，想幾件你允許它們輕易進入你的生活的事，花一些時間感謝自己允許更高的美好在這些地方發生。如果每天晚上你在心裡列出一天中你允許發生的所有好事，你會更輕易地學習如何讓更多好事進入你的生活。

當你的靈性成長，許多好事會來臨，你對它們的接受能力會加速你的成長。你不再需要掙扎，你能讓更高的益處輕易地流入你的生活。每一件發生的事都帶給你好處和喜悅。

對自己說：「我現在允許更多好事進入我的生活。」

如果事情進行得很順利，而你發現自己說：「這些事好得不像是真的，不知道能維持多久？」停下來！相反地，挑戰自己，試著想像事情變得更好。現在就想一件在你生活中運作順利的事。用一個內在的畫面描繪它變得更好。

你的想法創造你的實相，注意任何限制性的思想。學習不再聽那些說你無法得到你要的東西的想法。你需要保持觀察，在它們出現時逮住它們，你不會希望它們趁你不留心時溜走的。

有一位女士提心吊膽地進行她將要推出的企畫案。她逮到自己對朋友抱怨這個企畫案有多麼艱辛困難。她決定在心中描繪這個企畫案推動輕鬆並且非常成功的畫面，想像自己在事後告訴朋友她有多麼輕鬆地完成它。令人訝異的是，這個企畫案很輕鬆地進行，結果她真的告訴她的朋友事情一切順利。

有沒有任何你在談論或思考的事情對你而言是掙扎痛苦的？停下來，想像它輕鬆順利地進行。你在心中想像什麼畫面，你就創造什麼，所以請你想像最好的結果出現。

你可以有一個完美運作的生活，你不需要接受問題和危機為你生活的方式。放掉生活中的那些擔憂、痛苦和問題。簡單地讓它們離開，准許它們走。把「嘗試」從你的字典刪除，因為它邀請掙扎痛苦；不要說：「我正嘗試做好這件事。」用：「我做得很好。」來替代。

每一件事情的發生都為了你的更高益處，

宇宙以完美的方式運作

每一個狀況都是成長的機會，發生的每一件事都在提供機會，讓你變得更強壯、睿智和有愛心。每一件發生在你身上的事都為了你的更高益處，有些情況給你機會釋放執著，或放下不再對你有用的情緒。允許你的更高益處意謂著，你在心底深處明白你是安全而被鍾愛的，你的大我永遠都在為你工作。

現在開始告訴自己宇宙是完美的，你做的每一件事和每一件發生在你身上的事都很完美。當你的靈性成長，你對於事情的發生有更大的理解，你會看見每件事情的完美。從今天的較高觀點來看，你可能得以回顧過去，明白那些你過去詮釋為負面的事帶給你的成長和新開始。

信任別人做的事會以某種方式支持你的更高益處，即使你並不明白為什麼。不管發生了什麼事，告訴自己宇宙是完美的，發生的每一件事都是完美的。如果你希望的事情沒有發生，明白更好的事會發生。不要逼迫你的大我為你創造你以為應該發生的事，知道有一個更高的智慧在那裡運籌帷幄。記住，你的大我總是給與你——你允許生活擁有的美好。

如果你已經採取所有內在指引告訴你的行動，放下你必須分秒掌握或控制一切的需要。你的理智想規劃每一件事出現的結果，它想成為船長。雖然設定目標很好，信任你的大我會帶給你每一件你想要的事物的本質——在最佳時機，以最好的方式。你的大我才是真正的船長，它總是把你放在完美的環境中。

讓世界以你的理智認為應該的方式運作要花很多能量。放下詳細規劃每一個細節的重擔，你不需要緊張地掛在事情上，每分鐘監看著每件事才能保證不出錯。你只要留心，對每一個收到的內在訊息採取行動，並停留在更高的流中，事情會變得比你想像的更好。

透過給與人們美好的事物，你可以允許更多美好進入生活。你給出的任何事物都會加倍回到你身邊。在你去的任何地方，給一個微笑，送出愛和美好的能量，給出你想接受的一切。無償地給，不帶任何希望回報的意圖。如果你想要有更多愛，給出愛；如果你想要更多的尊重和支持，給周圍的人尊重與支持，你會發現它們回到你身邊。

## 允許人們對你付出

你真正地開放接受別人的愛和美好的事物嗎？允許人們愛你，接受他們的愛，以一切他們愛你的方式。人們以他們希望接受愛的方式給你愛，他們給愛的方式也許並不總是符合你期望的樣子，學習認出以任何方式給出的愛。

有一位女士希望她的丈夫每天晚上在家陪她，他如果沒有做到，她就覺得他不愛她。這位先生常常工作到很晚，並對妻子覺得自己不愛她的事很困惑。在他心裏，他長時間工作就是給她的禮物，想為他們建立安穩的未來，確保他們的實際生活無憂。她後來終於學會認出他的努力工作就是愛的表達，她了解他確實愛她，只是表達的方式和她期待的不同。

開放接受，並相信你值得的比你以為你能擁有的更多。如果你的朋友給你一筆巨額支票，你會自在地接受嗎？或者你會探詢他的隱藏意圖？現在想像這個朋友擁有無限的財富，他的贈與只因為他愛你，背後並沒有其他的意圖。你會接受它嗎？把你的大我當成你親愛的朋友，他擁有無限的財富，等著要給你——你開放接受的每一件事。靈性成長、愛、喜悅和豐盛，正等著你接受它們進入你的生活。

你不需要對接受你想要的每一樣東西、擁有順利的生活和感覺快樂有罪惡感。開放去接受，明白你這麼做並沒有從別人那裡拿走什麼，因為別人的大我一樣樂於給與——和他們能允許他們自己的生活擁有的一樣多。相信每個人都能擁有無限的豐盛，因為事情就是如此。豐盛只等著給那些要求並准許它進入生活的人。

## 允許人們以他們想要的方式存在

准許你生活中的每一個人做自己。當你這麼做，你會增加你愛自己和接納自己的能力。當你接納和愛自己，你的振動會提高，你能吸引更多好事進入你的生活。接納那些你無法改變的事，在其中發現美好。舉例而言，當你計劃一個陽光假期卻碰上陰雨綿綿，在那些新狀況中發現禮物。與其怨嘆運氣不好，不如欣賞雨天所有的好處和計畫改變帶給你的一切。你的大我給你這個經驗自有道理。肯定宇宙的完美，即使你不明白為什麼事情在那個時間發生。

你的大我愛你，想給你真正的快樂、深刻的內在喜悅和一切你能想像的愛。要知道每一次你接受什麼，那是因為你明白你值得擁有並允許它來。當你學會允許小事物進入你的生活，你能學會允許更大的事物進來，像是你的靈性成長和充滿歡笑、豐盛和愛的生活。你對值得和允許的感覺愈開放，就能愈快成長並成為你的大我。

## ❖冥想練習——允許更高的美好

這個冥想的目的，是增加你接受來自宇宙和大我的愛與能量的能力，並能夠想像你的每一個生活領域都運作得很完美。

步驟：

1.安靜地坐下，深吸一口氣，想像你打開你的心，允許好事進入你的生活。想一件你輕易地接受它進入你生活的事。盡你所能在最多的層次觀察這種接受的感覺。當你接受時你的身體感覺如何？你的呼吸或姿式有改變嗎？你的情緒感覺如何？你能增強這種接受的感覺嗎？

2.停留在這種接受的感覺上，在心裏邀請和允許美好的事物到臨，想像你接受所有你的大我爲你準備的好事。注意你能接受多少，讓你自己開放接受更多。在生活中的每個領域對新的想法、更和諧的情緒、身體的能量和豐盛開放。當你這麼做，你與大我的豐盛合而爲一。

3.當你吸引這些好事時，想像你爲它們創造空間，在心智上、情緒上和身體的層次。你只需要想像你打開身體周圍的能量，創造空間給那些到臨的好事。

4.想像你的大我遞給你一個銀色聖杯，裡面裝滿了生命能量和完全的豐盛。當你準備好在你的生活擁有更多，請你啜飲它。最多的豐盛和能量充滿你。當你回到這個房間，感覺自己開放接受更多好事，並確認你已經準備好擁有它們。

# 11

# 加速你的成長

安靜一會兒，問問你自己：「我認為開悟要花多少時間？」你發現你的答案是「永遠不會」或「需要很多世」嗎？你認為想像你能在此生開悟，並完全成為你的大我，是個自以為是的想法嗎？你創造你自己的實相，你有可能創造一個你在此生開悟的實相。

## 你能在此生開悟

你也許聽說開悟和成為大我要求很多世的修練。在過去的確如此。你們物質次元的濃密能量，人類的意識層次和為數稀少的靈性老師，讓開悟只有經年修練的少數人能夠獲得。過去要突破濃密的地球能量，需要很高的紀律和自我覺察的功夫，所以這條路僅為少數人開放。而今天，正在通過你們宇宙的這道光波和很多人已經達到的高層意識，正在打開一個通往更高世界的更大管道，創造機會讓成千上萬的人在此生開悟。

你的大我不斷地成長、探索、學習並發現它自己的新面向。成長——達到新的理解、自我覺察和生命活力，是全體生命主要的目標之一。成長永無止境，因為即使你達到更高的層次，仍然還有更高的層次可以探索。不成長會導致生命能量的緊縮。成長則讓你感覺興奮、活力、健康和喜悅。

到達開悟最重要的關鍵之一，是你渴求成長的欲望強度。你愈是全心渴求成長，你愈快達到開悟的境地。有一位靈性大師把弟子的頭按進水裡，直到他掙扎著要呼吸。「你必須渴望開悟就像渴望空氣一樣，那麼你很快會得道。」在他放手的時候他對弟子這麼說。這是一個被傳誦一時的故事，因為它把追求靈性成長的渴望和得到開悟之間的關係詮釋得很好。

你也許聽說對任何事情有欲望是錯的。然而，你的欲望教導了許多關於你自己的事和實相的本質。如果你渴望的事讓你痛苦，那個痛苦會教導你去渴望帶給你喜悅的事。

即使是實現物質欲望也能創造靈性成長。在你對新家或新車的渴望背後是你對成長的渴望，只是它以你熟悉的形式來表達。當你對實現你的物質欲望駕輕就熟，你會開始了解，除非那些東西、威望、名聲、財富能幫你達成你的更高目的，否則它們不具價值。你會到達一個點，在那裡你有非常強烈的渴望成為你的大我。對某些人而言，這個欲望會來自他們完成了其他的欲望之後，開始學習哪些欲望真正對他們有益，而哪些不是。

你有多渴望成長呢？為了強化你成長的渴望，要求你的大我為你展現，當你的靈性成長時你的生活會變得多麼美好。有些人認為靈性成長意謂你必須割捨所有喜愛的事。相反的，你不妨想像當你愈成長，你的生活會變得愈喜悅、愈寧靜，你會愈能接觸那個穩定、平衡與平靜的內在部分。你做著你喜歡做的事，帶著深度的內在滿足實現你的更高目的。

欲望在某個進化層次會消失，而你只是「在」。你不渴望，你不想要什麼，你不在一種「擁有」或「不擁有」的狀態。在到達那個層次前，把欲望當成工具。你有欲望是有道理的——如此你才能夠渴望靈性成長，並因此成為你的大我。大大地渴望你的成長，讓它變成一種無所不在的想法，因為你愈渴望它，你愈將靈性導向帶進你做的每一件事，而你也就愈快達到開悟。

如果你想成長，檢視你關於成長的信念很重要。你會想要彈性的信念、開放的頭腦也想要相信宇宙是友善的。你認為成長是一場奮鬥，必須經過痛苦和危機、花很長的時間，可能要超過一生的努力才能成為你的大我嗎？選擇對成長保持正面的想法，你能擴大你的進化潛能。成長可以立即發生，你可以透過喜悅成長，你能在此生達到開悟。

### 你能透過喜悅而非掙扎成長

如果你相信成長來自痛苦掙扎，你會為自己創造危機來成長。你可以送給自己最大的禮物之一是，消去你對成長的任何負面印象，允許你自己輕易地擁有價值非凡的事物，例如你的靈性成長。透過喜悅成長所花費的時間和能量，比透過痛苦掙扎少得多。

有些人喜歡告訴人們他們過去艱辛困苦的故事，彷彿他們的辛苦是一種成就。談談事情有多麼容易達成不是有趣得多嗎？你不需要日夜辛苦工作，筋疲力竭，或超越難以想像的困難險阻，才能擁有價值非凡的成就和靈性成長。

你們有些人擔心事情「太容易」。當你的振動提高，事情會來得很容易。眼前的挑戰不是事情有多難，而是你的願景有多寬廣，以及你能用多精省的能量、多大的喜悅和創意完成多少的成果。

如果此刻你的生活中有什麼不夠喜悅的情況，請了解它在教導你重要的功課。如果你正處於危機之中，你可能正在向內觸及你最深的存在，並獲得力量和勇氣。你能選擇喜悅地學習這些功課和獲得這些品質，只要停下來下決定這麼做就行了。事情也許不會一夜驟變，但是它們會改變。你的大我會開始為你創造環境，讓你透過喜悅來經歷你過去用痛苦獲得的相同成長。

## 你能夠立即成長

靈性成長不需要是一步接著一步的過程，它可能即刻發生。想一個你很想立即擁有的品質，像是內在的寧靜、更高的專注或更多對自己的愛，你認為需要多久時間才能培養這個品質？你不需要等上一年、五年或一生，你可以立刻增加你對這個品質的體驗。對自己說：「我接受更多的這些品質進入我的生活。我現在更平靜、更專注和更愛自己。」或任何你選擇的品質。當你說出這些肯定句，你就增加你對這些品質的體驗。

當你運用肯定句時，用現在式來說很重要。與其說：「我將感覺平靜。」而把時間延遲到未來，不如說：「我現在很平靜。」你的潛意識無法分辨什麼是真的，和什麼是你認為真的。當你敘述這些句子時，你在重新設定潛意識的程式，接受這些想法為你的實相。當它被設定好，就會在你的生活創造改變，以符合這個新的內在實相。

## 把生活過得很好
## 是靈性成長重要的一部分

付房租、照顧自己和自給自足，對靈性成長和冥想一樣重要。成長對你們大多數人而言來自完全地活出生命，而不是於山洞中避世歸隱冥想終日。你在這裡是為了向每一個人、每一個狀況和你碰到的每一個挑戰學習。你在這裡學習全然地處於當下和覺察周圍發生的一切，在你做的每一件事中加入更多清晰、和諧與光明。

靈性成長是學習讓你的生活處處順利，從你的人際關係到你的職業生涯。當你把靈性的光帶進你做的每一件事，把覺察和愛帶進你所有的活動，並且把每個一個經驗變為成長的機會，你就是你的大我。

在剛開始的時候，你的靈性成長也許是你偶爾關心的事。當你繼續你的旅程，它會變成你生活中愈來愈重要的一部分。

你會開始把你做的每一件事變成靈性成長的機會，即使是你的日常活動也一樣。清洗碗盤、開車上班或其他例行事務，都能提供成長的機會。你能完全地處於當下，全心全意地專注於你在做的事嗎？你能從新的和更高的層次看你的想法，而把它們轉變成更正面、更提升的思想嗎？你能讓你的頭腦一次只做一件事，或從心裡送愛給周圍的人嗎？你做的任何一個活動，不管有多麼世俗，都提供你一個用更高的意識狀態做它的機會。

你離開悟不遠，只因為你無法永遠把心打開、維持恆常的狂喜狀態或整天冥想。當你的人格愈來愈受你的大我所影響，很多時候你和你的大我連結的感覺會弱些，也有很多時候你和大我的連結感覺比較強烈。昔日的恐懼和擔憂可能會浮現，你可以觀察這些困頓的時刻持續多久，當你成長，你會愈來愈快穿越這些狀態。你會愈來愈常有清晰的感覺，有目的、有方向。你滋養自己和服務別人的能力都會增加。

剛開始你的靈性進步可能不明顯。隨著時間繼續，你回到或停留在較高意識狀態的能力會增加。你的洞見會愈來愈多。同時性事件、心電感應和閃過的內在領悟，會更常出現。認出這些片刻，因為當你這麼做，你會為自己吸引更多這類的事件。

加速成長也來自接納和愛你自己現在的樣子。你們有些人認為當你變得更進化和完美，你就會更愛自己。你們很多人對自己太苛刻。靈性成長來自於愛你現在的樣子，不因為你還沒有達到想像中的理想與完美就責怪自己。你現在就很完美，開始更常發現你的美好，欣賞那些你做得很好的事，認出那些你真的很喜歡自己的時刻。肯定自己，不要非難自己。靈性成長並非你努力達成的事，它來自你保持前進，並明白每一件發生的事都是你靈性成長的一部分。

每一個進入更高意識的改變
讓下一個改變更容易

你愈接近開悟，會愈常看見自己進步的跡象。你也許花了很多年打基礎，然後突然在許多地方同時躍進。對某些人來說，可能要花許多年時間才能做出成長的決定，並跨出他們的第一步，然而在連接改變之間的時間間距會愈來愈短。

你的成長加速的部分原因是，到了某一種層次，你會得到讓你能接掌自己成長的工具。在開始的時候，你對於能做什麼來主導你的成長並不清楚。在這個階段，你能量中心的打開，來自你對別人的服務和你在日常生活中的學習經驗。你首先透過人格來進行許多學習，而這些學習會愈來愈來自你的大我的指引。

到了某一個成長的層次，你開始主導這些能量中心的開啓。這會加速你的成長，因為用你的能量中心改變人格，比直接對你的人格工作更快速。現在你們很多人正在接近這個層次，透過冥想和其他技巧，直接對你的能量中心和你的情緒體、心智體和精神體工作。

成長最大的挑戰之一是你的人格，它對於你的大我在你的生活扮演愈來愈重要的角色倍感威脅。你的人格也許會嘗試一切辦法要你停止成長，特別是當你在什麼地方有了大躍進之後。它也許告訴你要保護自己，或給你許多不能繼續前進的理由。它的伎倆包括憤怒、沮喪、情緒起伏和就是不喜歡自己。

如果你聽見大我寧靜的聲音，而且有一種感覺認為繼續這條特別的成長道路是可行的，那麼送愛給你所有的感覺，告訴你的人格你要繼續前進。要求它與你合作，向它説明當你成為你的大我，它會經驗更美好的世界。

你的成長的加速，意謂著你正和你的大我建立更深的新連結，這個有時候會造成老舊模式的釋放。通常當你向前一躍，那個最能把你往回拉的模式就會浮現。別因為你的感受責怪外在的環境；向內看，問自己看到什麼模式或信念。要求你的大我指引你如何釋放這個模式。

浮上檯面的議題，正顯示為了加速成長你必須處理的最重大模式。愛它們，感謝它們帶給你的一切禮物。記住每一個發生的模式和事件，都提供你以最高方式行動的機會，它們發生是為了帶出你最美好的一面。

把成長這個禮物送給自己，不要放棄你的力量，等待別人幫助你成長。你們有些人說：「只要我的伴侶、朋友、父母、孩子……變得更有靈性，只要他們和我一起冥想，吃健康的食物和表現仁慈的行為，我就能夠變成比較有靈性的人。」不要等待別人變得比較有靈性來讓你感覺靈性成長比較容易。你是領導者和老師，讓自己成為典範。你可以說：「我會在晚上靜坐；我會保持平靜、有愛心、有自信。」或者：「我要學習這個新技能；我會在林間散步、保持身材或改變飲食。我不需要夥伴的配合就可以開始。」

## 你的靈性成長是你對自己最大的貢獻

當你的靈性成長，你會得到許多工具在物質世界創造真實的結果。你的靈性成長會貢獻你的生活之道，讓你的生活有更多的喜悅、活力和愛。你花在成長的任何能量都會倍增回來給你。你愈在靈性成長上下功夫，就愈容易心想事成。每一個你花在愛別人、成長和展現活力的片刻，都會創造巨大的收穫。

暫停一下，對自己許下成長的承諾。在心裡說：「我承諾靈性成長為我的優先要務。」把靈性成長當作送給自己最大的禮物，一個你現在就值得擁有的美麗饗宴。相信你能成為你的大我，並在今生開悟——你會的！

## ❖冥想練習——加速你的成長

這個冥想的目的，是在細胞層次設定一個加速成長的程式，它會幫助你改變信念，而能讓你在此生達到最高的能力。

當你做細胞程式的規畫，你送給DNA的畫面能改變你的振動、磁性吸力、能量場和你的人生。

**步驟：進入你的大我狀態做這個冥想。**

1. 想像你變得愈來愈小，帶著你的意識，像一個光點，進入你全身的細胞核。
2. 現在，你是個小光點，旅行進入細胞核的中心。你可以同時出現在一個細胞或在所有的細胞中。細胞核中的DNA攜帶了你的生命密碼。
3. 要求你的DNA釋放一切不再對你和你的成長有益的程式、決定或信念。你不需要知道這些信念是什麼，只要要求它們解除就好了。

4. 從你的心送愛給所有的DNA，用光包圍它。

5. 在心裏告訴你的DNA你希望在今生發揮你的最高潛能，要求它的協助為你帶進新的程式、信念和想法，讓你在此生得到最高的能力。

6. 當你完成，把你的知覺帶回這個房間，下決心擁抱每個讓你成長的機會。肯定你已經準備好在此生得到最高的能力。對你的靈性成長做一個更大的承諾。從愛你自己和接納你現在的樣子開始，認出你已經在內在擁有的光、愛和力量。

# 12 創造可能的未來

要獲得靈性成長，重要的是明白：是你創造自己的實相。成長的一個重要轉捩點，會出現在你開始為發生的每一件事負責的時候。當你明白有可能創造你想要的生活——即使你不知如何做到，你和你的大我會成為你的船長。

你是源頭，你生活的創造者。你是那個向上伸展追求靈性成長，並和你的大我連結的人。你的想法、情緒、信念和意圖決定你的振動，你透過它們創造你的實相，因而決定你吸引到生活的人事物和環境。你的情緒和意圖決定你能多快得到你想要的事物，你生活中的每一件事源自你的某個想法或感覺，因為你情感和思想的內在世界，創造外在世界的事件、物件和關係。由於你創造自己的實相，你可以選擇任何你想要的實相。

你們的想法和它們出現在生活中的時間落差，使得有些人並不了解是他們創造了自己的實相。然而，你可以追蹤人們發生的每一件事，回溯到某一個過去他們在生命中曾有的想法、畫面、信念、情緒或意圖。你做的每個決定和選擇都在塑成你的實相。

**對於「你創造自己的實相」漸增的信念，**
**是現在發生的最重大的轉變之一**

直到最近，現存的集體信念仍然相信，人類是在巨大而不可控制的力量下僥倖生存。你們有很多文化和社會結構是設計來抵禦這些力量的。你創造自己實相的想法正在席捲百千萬人的心靈。所有那些追尋和對大我有覺醒的人，都開始了解是他們創造自己的實相。這個觀念正透過每個人的大我在夢境狀態中分享出去。

你的正面想法和信念對別人有貢獻。一旦你相信是你創造了自己的實相，並為自己的生活負起責任，它便以心電感應的方式被傳播出去。你的想法會幫助別人明白這個道理和掌握自己的生命，你的信念和正面的意象，會加入人類集體意識的資料庫，成為別人成長時可用的資源。

群眾的共同想法決定你們世界的運作。當愈來愈多人了解你們創造自己的實相，許多重大社會的改變會發生。了解「你思考的方式影響你經驗的世界」這一點，會對你們的社會創造許多正面的改變。

你們才剛剛開始看見人們為自己的生活負責的成果。相信是你創造每一個經驗作為成長的機會，會改變你們的司法體系、政府組織、學校甚至工廠製造的產品。

當人們明白他們能創造自己想要的一切並學會怎麼做，會感覺更有力量，生命在自己的掌握中。當他們學會更多關於創造自己實相的法則，生活會開始擁有更多豐盛、愛和靈性成長。人們必須相信他們有能力改善他們的實相，才會相信自己能協助改善這個世界。

## 你可以生活在環境潔淨、世界和平的可能實相中

人類有許多可能的未來。其中之一，是人們為自己的環境負責、和平共存、榮耀地球、彼此尊重。如果你想像世界變得更美麗，人們彼此相愛、環境潔淨，你會開始移進一個事情如此發生的可能宇宙中。如果你專注於這個世界美妙和正面的地方，並在每個人內在看見美與愛，你會共振並移進更正面的實相。

對於你能生活在哪一種實相有很多選擇，你活在一個機會和選擇的時代。想想兩百年前可能的選擇，再想想你現在有多少選擇。現在存在的新實相和它們提供的機會，並

不存在於五十年前的地球，例如成為太空工程師、電腦工作者或電視演員，在當時根本毫無可能。而此刻，你有幾百萬種實相可以選擇。你可以過著完全摒除現代科技的原始生活，或充滿電子通訊、汽車、空中旅行和電腦的生活。

如果你想像一個世界和平、氣候溫和、經濟穩定的地球，那麼你會移進符合你畫面的實相之中。藉由想像你想要生活的世界，你可以變為它發生的可能實相的一部分。即使你沒有在整個地球看見事情如此發生，至少你會發現你的世界是和平的，你的經濟是穩定的，而你居住的地方氣候溫和。

當你開始想像那個你想要生活的可能宇宙，例如一個和平、充滿愛和空氣清新的世界，你的環境會以一種合乎邏輯和你可以相信的方式改變，你不會一早醒來發現每一件事都不一樣了。如果你改變了夠多的內在畫面，並相信它們會成真，最後你會發現你生活在你描繪的可能宇宙中。

在某些可能的實相裡，你住的地方會發生地震或地球的變動；在另一些實相裡這些事並不會發生。當靈通人士看進未來，他們會因為人們專注的特定事實而看見不同的可能實相。他們的預測對於那些與可能實相共振的人為真，對那些不與之共振的人則完全不成立。

如果你總是擔心地震或天災，你可能會經驗它們發生的可能實相。即使它們不是大規模發生，你也會被吸引到地球上那些正在發生劇烈改變的地方。你可以想像你想得到的最好的環境，開始與那些你想生活其中的實相共振。與其想像事情會變得更糟，不如想像事情會變得更好。如果你發現自己擔心環境、氣候、地球的改變或影響巨大的事件，那麼想像事情變得好極了。

想像地球變得美極了，相信你可能生活在空氣清淨、環境健康的地方，那麼你會在你的實相中將它創造成真。你可以創造一個正面的願景，而人們會透過心電感應接收到它。當夠多的人對未來持有正面的願景，它會實現，因為你們的想法和意圖創造你們的實相。

你可以創造任何想要的實相；

你可以擁有的沒有極限

你可以創造任何想要的個人實相。睡前是創造新實相很有力量的時間。想想你的明天，在心中觀想你理想的一天，想像你充滿活力地起床。這些想法會進入未來，與你的明天相遇。挑戰自己，去想像擁有比過去更多的豐盛——更多能量、更美好的感覺、更清晰與專注、更愛自己、對別人更慈悲。當你對創造理想的一天駕輕就熟，你就可以開始觀想更大的事情。允許你自己天馬行空地做白日夢，感覺當你創造了想要實相時的喜悅和美好。即使一個禮拜兩、三次五分鐘的夢想時間，也能在你經驗的實相中創造巨大的改變。

你能選擇活在一個實相中，在那裡，你所愛的人發揮潛能，並成為他們能夠成為的一切。透過愛他們和接納他們本來的樣子，並為他們保持成長和實現潛能的想法，你能和他們擁有最高展現的那個實相共振。如果你想到人們失敗、讓你受挫，或者你對他們失望，你會與發生這些事情的可能實相共振。這並不表示你能讓別人依照你的想法行動，你對他們更高目的和他們發揮最高潛能時的行為的想像，可能與實相並不相同。然而，透過想像，你能生活在一個你心愛的人成長和擴展的宇宙中。

當你創造你想要的實相的願景，別責怪你現有的處境，只要為你選擇的實相正在進入你生活的每一個信號喝采。當你開始想像你想要的生活，願景從能量變為形式在你的生活中出現通常需要時間，它必須從宇宙心智的更高次元進入你的物質實相。當時間推進，你會愈來愈能夠體驗不受限的新想法為你創造的成果。

## 重寫過去，你能改變你的實相

重寫過去，是另一個改變你的現有實相和創造你想要的實相的方法。你現在擁有的每一件事，都是你過去的選擇或決定的結果。每一次你做一個重要的決定，你就決定了為自己創造的未來。例如，你也許辭掉工作重拾書本，這給了你一個與繼續工作不回學校讀書不同的未來。

當你在心中改變你的過去，你改變你的振動並開始為自己吸引一個新的未來。如果你希望生活富有，創造一個你過去生活得很富有的畫面。如果你想要變得更聰明、更有創意、有更高的工藝、更有紀律或更被愛，想像一個你就是如此的過去。它是否「真的」是你的過去一點都不重要，你的潛意識不知道有任何分別，它會為你吸引合乎你想像的過去的環境。

舉例而言，有一位男士做了一個時光回溯的冥想，帶他回去他的童年，檢視為什麼他有某種反覆發生的行為模式。似乎每一次當他擁有一段成功的關係時，他就會開始破壞它，以至於以終結收場。因為他現在擁有美好的關係，並且不希望這個舊模式再度造成破壞，他決定回到過去尋找答案。

當他審視過去，他看見自己是個小孩，並發現他在觀察他的父母親爭吵，那個夜晚他下了一個很強烈的決定，他絕對不結婚，而這個決定多年後仍在執行！他在心中改變那個過去，原諒父母的爭吵並重寫了那一幕，他看見他們彼此親愛互相珍惜，並在心中「擦掉」他先前的決定。這一回，他沒有破壞他的關係，它變得比之前的任何關係更豐富、更親密。

## 你接受為真的事會創造你的實相

去選擇什麼資訊和情境是你同意為真和希望為真的，你接受為真的事會創造你的實相。如果你讀了什麼你不喜歡或不同意的內容，別接受它；它對你而言不是真的。它對別人而言可能是真的，但是你不需要把它變成你的實相。

與其接受別人的意見為你的實相，不如說：「我選擇我的實相。我要選擇這個我聽到或看見的實相嗎？它讓我有力量，實際地讓我的生活變好嗎？我相信這個實相會帶給我喜悅、活力和更多的愛嗎？」

你不需要接受別人基於恐懼和匱乏而生的實相觀點。你不需要為一個可怕的未來準備。即使有經濟危機或地球大災難在某些地方發生，這些不需要影響你。你可以透過相信豐盛和選擇它為你的實相，創造個人的經濟豐盛。你的未來可以充滿愛、歡笑和內在和平。你可以創造你自己的正面未來，你能選擇任何你想要的實相。

## ❖冥想練習——選擇你的實相

這個冥想的目的，是創造你的心靈覺醒的實相，在那裡你活出充滿愛和夢想成眞的生活。

**步驟：進入大我的狀態來做這個冥想。**

1. 作爲你的大我，爲幾年之後你想要的生活創造一個願景。讓你感覺擁有這個實相給你的美好感受。從你的關係開始，想像他們全都帶給你愛和喜悅。想想你的工作、經濟情況、健康、精神生活、娛樂、社交活動、能量、生活型態和你想居住的地方。你的一天中喜歡做些什麼？允許你天馬行空地想像，做白日夢，想一想什麼是對你而言充滿愛和滋養的生活。描繪你希望的世界是什麼樣子——例如環境淸淨、天下太平……等等。當你想像這些事情，你與它們發生的實相共振。

2. 在你創造理想的生活願景之後，利用第三章後附的「與宇宙心智連結」冥想練習，運作這個願景的未實現能量。以能量創造這個更高的可能實相，把你理想生活的能量盡可能地變得和諧、美麗和充滿光明。你可以把它變成象徵並把玩這個象徵。

3.把這個可能的最高未來的能量帶進你的DNA。讓它在細胞層次改變你的頻率和振動，讓你能共振這個更高的實相。從你的身體、情緒和意念散發這個能量。

4.想像幾年過去了，你現在是生活在這個更高的可能實相的未來的你。由這個視野看去，你的生活如何?描述你的環境和你的感受。用現在式說說你的未來。例如，對你自己說：「我現在擁有＿＿＿＿。」以未來的你說話。

5.作爲未來的你，把能量穿越時間送回來，幫助你更輕易地進入這個實相。問這個未來的你有什麼訊息給你。

6.當你完成，帶著對這個新實相的感受，慢慢地回到這個房間來。

# 13 悠遊於空

「空」（void）是一種意識狀態，你能進入其中，擴展自己超越目前的限制，放下舊有的事物並進入成長的下一個層次。在「空」中，你拋開熟悉的架構、習慣、想法、行為和態度，並進入更深的內在，創造符合新振動的一切。在這個狀態，你能接收洞見，並運作許多內在工作。它可以持續幾分鐘、幾小時、幾天甚至幾個月。你的整個靈性旅程都會經驗「空」。你在接近「空」的狀況生活、任意進入空以及與空為友的能力，將幫助你更快成長，帶著更多的喜悅。

想像一隻小鳥快樂地在氣流中飛翔。牠向上看，看見了一道更高的流動，很想進入那道流中。牠開始振翅離開原來熟悉的路線，飛向更高的流。然而，兩條飛行路徑之間的狀況並不確定。牠也許會撞進亂流而暫時掉落到比先前更低的地方，也可能被帶到比那道更高氣流更高的地方，或發現兩道氣流間的空氣太稀薄，飛行困難。因為離開原先熟悉的那道氣流，那隻鳥學會了很多關於自己的事，發現更多有關飛行的事和影響飛行的條件。最後，牠終於能穩定下來，並輕鬆地飛翔在更高的流中。這份經驗和你在「空」中會遇到的十分相似。

「空」發生在你放掉你的某個人格自我——它不再符合你正在成為的你——的時刻。它代表你的人格臣服於大我指引的新層次，也表示你的部分大我在這個實相的新生。

## 「空」是一種轉化和改變的狀態

當你成長，你會一再經歷「空」。在這個狀態中，你也許會感覺生活快速變化，有新的事情來到，或你的基礎正在分崩離析，讓你沒有任何堅固的地方可以依附。你也許感覺像是某些事情正在內部發生，卻看不見生活有任何變化。這不是一個對你的人格而言舒服的地方，你的人格喜歡事情確定而安全。

「空」可能發生在你的計畫交替之際，像是在最小的孩子離家，或是你離職卻還不知下一步做什麼的時候。你最好的朋友可能離開你，或者你必須遷移或是找個新家。有時候它感覺像是你進入一個遊戲規則全然不同的新世界，然而你還不知道規則是什麼。

每個「空」都伴隨心的事件。你會發現自己在問深入的問題，像是：「我如何能更愛和更接納自己？我可愛嗎？我是誰？我能擁有想要的一切嗎？我要用我的生命來做什麼？」在這段不確定的時間，你也許會發現自己感覺更柔軟，對人們更有愛心。你在提高你的振動，擴展自己來超越舊的慣性和模式。

「空」讓你感覺不像平常那麼喜歡社交。如果你總是和人們交往，你也許會發現自己單獨生活或沒有什麼主要的來往關係。你也許會感覺和你的妻子或先生保持距離，即使你對他的愛有增無減。在「空」中，你可能比較不想有親密的身體接觸，因為那會把你和別人的能量場交織在一起。在這段「空」的時間，你在淨化你的能量場中別人的能量，那是提高你振動的過程的一部分。

你也許感覺內心的空虛寂寞，即使你的周遭有許多人。你可能想要更多的時間獨處。想要獨處，甚至寂寞的感覺，都是在反射你想和你的大我連結的深切渴望。在你的智慧深處，你明白你和別人的連結不能取代你和你的大我的更深連結。當你花時間獨處，你會更了解自己。那是一段你明白自己的感覺和想法，思考你要拿你的生命來做什麼的時間。當你開始了解並和自己做朋友，你的孤寂感會消失。

你對身體的感覺也可能不同——能量過多或比平常睡得更多。睡眠提供內在工作發生的時間，而你可能需要更多睡眠去整合所有發生的內在變化。有些人會擔心，因為他們不像平常那麼能量充沛，卻又無法解釋為什麼。如果你不尊重你對休息的需要，你也許會發現自己生出一些小毛病來讓你保持安靜。有些人會創造背痛或各種身體的受傷，讓他們暫離工作，騰出時間休息和思考。

在提高你振動的過程中，有時候你會經歷一段迷惑的時光。在「空」中，新的事物尚未建立而舊的事物尚未離去，它們同時存在。這會造成迷惑，直到你把事情理清楚。

你的情緒也許是不連貫的，你可能感覺比平常更情緒化，或幾乎對任何事情不起情緒。當你的內在工作更密集，你的頭腦可能感覺不同。「空」是讓你學習用新的方式思考的時間，因此，也許用舊方式思考會變得很難。你可能有一些時間不能清晰思考，或忘記前一天明明記得很清楚的事，你也許會懷疑自己是否得了失憶症。你也許比平常更不容易做迅速的決定，或知道自己想要什麼，然而，會有一些更加清明的時間，新洞見和想法湧現，甚至會想起塵封多年的往事。

在「空」中，你的想法可能會和平常不一樣，因為你用新標準來衡量事情。它就像是你用高照度的探照燈照進你的生活，而用新的方式來看事情。你也許會檢視生活中的每一件事，決定保留什麼和放下什麼。你可能甚至感覺事情正在崩毀，或原本你視為理所當然的做法不再行得通。會有某些時刻，到達你想要的願景要求你放掉某些過去的創造。「空」教導你與你的執著有關的事，它是你檢視關係、感覺、態度和價值的時候，把無益於你的一切轉換成對你有益。

## 不知是通往真知之門

「空」是一段不知的時間，它可能感覺起來像是一種什麼也不做，什麼也沒有的狀態。唯有當你不再以一般的方式理解事情並體驗不知，你才能和新的知識連結。這個空無和不知是一種存在的狀態而不是動作的狀態，它是寂定與沉靜的狀態。你們許多人害怕「空」，因為它完全不提供堅實的基礎，也不提供明確的身分。那些你確認的事可能都會改變，而讓你成長到更大的角色。

允許你每天花幾分鐘進入「空」，你可以讓頭腦保持靜默來達成。讓你自己探索這個空無一物（nothingness）的狀態。寂靜是通往更大領悟的門戶，你會在這裡發現難以形容的豐沛能量，而非什麼也沒有。

每一次你進入「空」，你會從一個更高的層次回來。

## 「空」給你很多選擇和新的可能性

當你和你大我的連結變得更強大，你會為自己吸引許多新的機會，它們符合你的更高振動。當你進入「空」，你做的任何決定都會產生更深遠的影響力，因為你在一個許多可能的未來交會的地方。放掉一切既有的想法，探索你更開闊的選擇性。

花時間天馬行空的幻想和做白日夢。你也許會發現自己經常思考未來，以及事情可以如何改變。即使你還看不見如何為自己創造想要的生活，也請你繼續想像你的理想生活。你的願景正在創造未來，你會為自己吸引實現願景的環境。

當你的振動提高，你可能會發現自己愈常進入「空」。你也許會在某個生活領域經驗「空」，而在其他方面保持正常。例如，你的工作可能很穩定，但是你和某人的關係正進行重大的變化。

如果你正在經歷任何生活領域的「空」，好好愛自己。別擔心新的方向還沒有出現。你正在快速提高這個地方的振動，進行很多內在工作，並打開你的心更愛自己。當你這麼做，新環境會開始出現，它會比過去的更好。請你也要愛和接納你現在的環境，因為愛你此刻所在的地方，會讓你更快地實現你的新願景。

必然有一個轉捩點會在你進入「空」的時候發生。會有某一個片刻，一個深刻的內在音符響起。這個音符代表你的決心，你強大的意志和新方向的決定。會有一個片刻，躍升發生，你更清楚你要什麼。你的自我之愛更強大，而你的內在知道你已準備好開始創造你想要的事物。

一開始，你對這個新決定可能只有模糊的了解，也不知道用什麼行動實現它。採取出現在你眼前的第一步，接下來的步驟會自然來到。屆時，你會離開「空」——那個屬於洞見和新可能性的時間，並開始洞見的執行階段。你就像那隻發現更高氣流的小鳥，你正飛向它並學習在哪裡乘風而上。

有一位男士發現他被迫搬家，因為他租的房子要被賣掉。他並沒有搬家的打算，一時之間覺得流離失所。接著他最要好的朋友因為在別州找到工作而搬走了，感覺起來像是他的生活正在瓦解。同時他剛好結束一個大計畫——一本書，他一直在為此工作，正在考慮下一步做什麼。

與其把焦點放在感覺有多麼不舒服，他把注意力放在這是創造什麼好事情的新機會。他開始把這個不確定看成是帶來挑戰和刺激的機會，並利用這個時機想清楚他到底要什麼。他想像自己住在一間比之前更好的房子，並且很快地發現了一個很好的住處。

他開始認識人，也交了幾個好朋友，而他們的陪伴激發了他的靈感。他停止構想下一本書的內容，而當他放鬆時，有一天，一個想法掠過他的腦海，形成了另一本新書的基礎。當他離開「空」並進入更大的穩定感，他開始過著比以前更高、更滋養的生活。

你不需要等待事物離開你的生活，就能利用那個「空」提供的機會。每當你有內在的感覺，覺得事情不再適合你，每當你想要考慮新的方向時，簡單地安靜下來，旅行進入所有可能的未來存在的世界。想像你活出許多不同的可能未來，挑戰自己正面而寬廣地思考，學習愛那個不確定並擁抱新的事物。

## 活在「空」中可能很刺激、很有挑戰性而且很寬廣

別急忙做決定，只為了想讓事物再次變得固定和安全。宇宙以完美的方式運作，事情如果變動，必然有很好的理由。當你確定準備好，並完成重要的內在選擇，你就能夠離開「空」。「空」，沒有結構、確定性和具體方向，能幫助你做出大躍進。

當你離開「空」，你會發現自己想要再次和人們連結，也許以全新和更擴展的方式。你對於你想要什麼更確定、有更大的目的感。當你離開「空」，執行你的洞見，你會看見你內在工作的正面結果正開始實現。

愛那個「空」，因為即使看起來什麼都沒有發生，它是一段很多內在工作完成的時間。在「空」中，你有機會創造更新、更高的未來。不確定的時刻也是新可能性的時刻。去追逐那星星吧！想像你擁有你想要的一切。你也許會發現自己甚至愛上「空」，因為它提供你大步向前和加速成長的機會。

## ❖冥想練習——悠遊於空

這個冥想的目的是進入「空」，擴展超越先前的一切限制，並成爲你所是的無限存有。

**步驟：**

1. 深吸一口氣，用意念放鬆你的身體，想像你旅行進入一個通道。在通道的盡頭便是「空」。當你開始在通道中穿梭，你經過了彩虹的各種顏色。感覺你被每一種彩虹的顏色包圍，注意每種顏色對你能量的影響。它們每一個都是飽滿美麗、清澈完美的顏色。你依序通過了紅色、橙色、黃色、綠色、藍色、靛色以及紫色。
2. 當你繼續穿越整個通道，你來到盡頭，進入「空」。你剛剛離開了紫色，一切的顏色都消失了，你通過一段沒有顏色的區域，你開始體驗「空」的空無。
3. 當「空無一物」環繞著你，請你感覺自己的能量，你的能量像什麼？
4. 讓你和你的能量系統漸漸溶解消失，進入這個空無，你的周圍盡是空寂，看看你能專注於這個空無的感受多久並帶回多少知覺。

5.當你消融在空無之中，想像一件美妙的事情發生——你變成一股巨大、無限的能量。你的邊界消失，而你每個層次的能量擴展，進入「空」。你存在的一切可能性都在這個「空」中，請你感覺你的豐富。這是一個任何事、每件事都有可能的空間，你體驗自己為無限的存有。

6.現在，把這個廣懋遼闊的「空」的實相帶回你現在的實相。你可以想像你變成了一個新的人，回到你現有的實相。你可以看見自己像是一隻破繭而出正要展翅的美麗蝴蝶，或是一朵正要綻開花瓣的花朵來象徵這件事。你正充滿新的可能性、更高的能量和對於自己是誰更擴展的知覺。

# 14 伸縮時間

時間不如你所相信的那麼「真實」和固定。在新來臨的能量中，時間正在改變。確實有些時間過得慢，有些時間過得快。也許你曾注意到，有些日子似乎很長，有些日子則很短。這並非出於你的想像或認知。時間，就它通過你們的次元的方式而言，確實變得比較流暢和不定。

在更高次元中，一切存在於永恆的現在、多次元時間的當下。當一個想法孕育的那一刻，它就立刻從開始到結束完成了。事件從中心點擴散，你可以體驗這個想法的任何部分，只要把你的意識集中在那個部分就可以了。當你把焦點放在你想體驗的部分，你開始存在於時間之中，因為你選擇了整個事件，並把它區分成清楚分明的片段。時間和空間切割事件。你可以把許多人放在同一個空間，如果他們被時間區隔；你也可以把許多人放在同一個時間，如果他們被空間區隔。

**只做那些創造你更高目的的事，**
**你會擁有更多時間**

你的大我體驗事物的全貌而非局部，它將一切盡收眼底，並看見每一件事情的始末。當你體驗事情的整體而非個別的局部時，你可以體驗和你大我一樣的時間。要想體驗大我的時間，你可以盡可能地進入更高的境界，並看見你生活的更大畫面。你可以對每個你正在進行的計畫這麼做，對它保持一個願景，並感覺所有的執行步驟。

你的畫面愈完整，焦點愈高，你愈明白什麼活動對你的更高願景很重要，而什麼活動不是。節省下來的時間你可以用來做別的事。你也許記得某一次因為你對事情有了更大的理解，認出了可行的新行動，而省下時間和能量的經驗。那個更大的觀點也可能讓你放下其他不必要的活動。

如果你想花更短的時間做更多的事，覺察你做的事如何契合你生命的更大畫面。你可以在每一個層次這麼做。舉例而言，如果你經營事業，你會希望有完整的規劃可以整合生產和銷售，而非讓部門各行其是。否則，銷售部門可能賣掉超出你產能的產品，或是生產部門可能做出賣不掉的東西。兩者都浪費很多時間，而且無法幫助公司達成它的更高目標。如果你有一個計畫和更高的願景，每一個部門都可以一起合作來實現它。

你不僅想知道更大的畫面，也會想要生活的每一個部分一起合作來達成它。當你專注於靈性成長，並協調與這個畫面相關的每一件事，你能壓縮時間，並在更短的期間完成「幾世」的成長。

在你採取行動前，想一想你為什麼做這件事。把它放進生活的更大視野，問自己：「這個行為如何達成我的更高目的？必須現在做嗎？有更高的方式嗎？」當你把事情放在更大的視野裡看，你會只做那些能夠服務你更高目的的事。

暫時把事情放下，放輕鬆，想一想人生的更高目的。想像你是對你提供建議的大我，把焦點放在你生命的願景和目的。問問什麼是你明天、下週、下個月的更高目的，以及你現在做的事如何契合它。在心裡想一想你明天預定要做的事，在你跳進行動前，覺察一下做哪些活動、依什麼順序做的感覺最好。花時間把事情放在更高視野裡觀察，可能不僅每天節省幾個小時，甚至可能節省你好幾個月投入非必要活動的時間。

當你進入愈高的境地，你愈明白可以如何精簡你的活動，如何更有效率或用不同的做法完成事情，或什麼事情可以請人代勞。不要把你做的任何事視為理所當然，也別認為某些事必須要完成，除非你已經徹底檢視過它的目的，和它如何契合你的更高目的。這是你能加速成長最重要的步驟之一。

## 遵循你的內在指引，
## 讓事情輕鬆喜悅地完成

遵循你的內在指引會給你更多時間，並讓時間加速，因為你創造事物如此之快，而有更多時間做其他的事。你的內在指引會以可能的最快路徑，帶你去任何你想去的地方。如果你在尋找一個能開創你更高目的的工作，你可以走遍大街小巷，敲開每一扇門，回應每一個徵才廣告。或者，你可以為你的完美工作創造一個願景，包括你想用的技能、環境、收入、人的類型、工作時段，然後只有在你獲得內在指引時行動。如果你選擇後者，你的行動會產生你想要的結果。

在這一波的新能量中，你可能感覺一天中沒有足夠的時間來完成每一件事，人們對你的時間和生命的要求增加。因為時間不再僵硬固定，只依理性結構來工作會讓你壓力更大。你愈試圖用邏輯做事，你的待辦事項愈多，如果每件事都要做到，你會感覺更倉促。雖然待辦事項幫助你專注，請保持彈性並聆聽你的感覺。

遵循你的感覺和直覺很重要，因為它們會把你放在更高的時間流。新的時間是直覺式的，不再像過去的線性和連續。單純地運用邏輯規劃事情不再能讓你停留在事情輕易發生的更高流中。即使你列了待辦事項，你的感覺也可能告訴你做別的事。依從你的感覺而非你的計畫，你會發現它們以最高和最有效率的方式帶領你到你的目標。

為了擁有更多時間，在你完成一個活動之後，慢下來，休息幾分鐘。在你進入下一個活動之前，問自己：「我下一步想做什麼？什麼會帶給我喜悅？」聆聽你的答案，你會收到它。有時候你被吸引去做的事情看起來並不合邏輯，或甚至毫無生產力，然而長期下來它們可能會節省你很多工作時間。

例如，你的身體可能在你工作的時候說它很想散步、做做伸展或做運動。你認為這沒有生產力，你應該繼續工作忽略身體的感覺。然而，午餐的時候，你決定尊重身體的衝動出去走一走。結果那個下午你的生產力是平時的兩倍，並得到一些重要的洞見，節省了好幾個鐘頭的工作時間。相信你的本能和更深的衝動，因為它們引導你用最快、最喜悅的方式做事。

如果你遵循直覺，只在感覺對的時候採取行動，事情會比預期花更少的時間完成，而你能做的事比想像的更多。當你和你的感覺與更高目的保持接觸的時候，你是在時間之中流動。理性的時間安排也許會說：「這是我今天的待辦事項；我要照表操課完成它。」然而這會讓你的行動不是順隨著較高的流動。

有一位女士，等待新工作等了好幾個星期，她收到一個內在訊息要她找她的牙醫師檢查牙齒，於是她做了預約。她對於自己沒有積極找工作有一種罪惡感，然而她並沒有得到任何內在感覺要她採取行動。就在她做檢查牙齒的時候，那位牙醫師提起他有一位朋友想要雇用一個人，而她的資歷正好完全符合。她聯絡牙醫的那位朋友，輕易地得到她一直想要的工作。

你總是被引導到更高的益處，即使在最小的地方。你曾經有過打掃房子的衝動，接著就有一個很特別的不速之客拜訪嗎？你的大我俯瞰全宇宙，知道什麼事會發生，並且不斷地送訊息給你，幫助你停留在更高的流中。雖然一開始訊息可能模糊不清，你愈聆聽並遵循你聽到的指引，你收到的訊息會愈多，也會愈來愈清楚。

你收到的指引會引導你找到更大的豐盛、喜悅和愛。你的更高道途會更快地展開，你推出計畫的時機會恰到好處。你會比別人先一步準備好你的工作，而人們也已經準備好接受它了。

## 全然地處於當下、專注你做的事，你能改變時間

你們次元的時間正在呈現高次元時間的許多特徵，在高次元中每一件事情都是同時存在的。做事時處於較高的意識狀態，讓你更容易利用這種新型態的時間。學習全然地處於當下，覺察並專注於你正在做的事。在你做你喜愛的事時，你可能體驗過時間的靜止，你如此沉浸其中，甚至不感覺時間經過。你超越了物質和線性的時間，體驗了高次元的無時間。

直覺的、多次元時間的體驗，和你與你所做的事合而為一有關，你完全沉浸其中，使得你和你做的事不再有明顯的分別。就好像你擴展你的意識到你所做的事，而它現在是你的一部分而非自外於你的事。藝術家了解這個狀態，在那些靈感貫穿他們的時刻，時間是消失的。在這種狀態，你可以在幾分鐘內做到幾個小時的工作，因為你已經超越了一般的線性時間。

要在這波新能量中擁有更多時間，你可以提高你的振動，並從更高的層次處理事情。當你只在對的能量空間用全部的精神去做一件事，你就可以做到它。如果你沒有做

某一件事的正確情緒，去做其他情緒對的事。要信任當你沒有心情做一件事，表示在那個時候你有更重要的事要做。

當你沒有情緒做一件事，你和它是分離的。在你做它的時候，可能心裡會想著別的事。當你沒有與你所做的事合一，你便是在線性的連續時間中操作，事情會需要比較長的時間。沒有在更高層次做完的事通常花的心力更多，而且也許必須重做或取消它，或者創造未來要花更多時間彌補的工作。學習徹底地體驗你所做的事，與它合而為一，那麼你就像你的大我一樣運用時間。

你們很多人花很多時間和能量去擔心事情難做而不是花在去做它。有多少次你拖著一件事不做，認為它可能會花費很多工夫，卻發現一旦你的心情對了並且開始動手，它比你想像的容易得多？如果有某件事讓你不斷拖延，放掉它一陣子，別因為沒做它而自責，有時候逼迫自己去做某件事反而讓它更難開始。

為了創造更多的時間，觀察你對時間的用詞和想法。你曾對自己和別人說：「我沒有足夠的時間。」「我的時間壓力很大。」「我懷疑我怎麼可能把這些事做完。」嗎？你的語言、想法和信念都在創造你的實相，從告訴自己你有需要的一切時間開始吧！開始像這樣說話：「我有需要的一切時間。」「我用放鬆而專注的方式做事。」即使一開始你還不相信，你的言語和想法會很快地創造它為你的實相。

## 你能快速地將事物帶進你的生活

### 想像你已經擁有

你可以學習壓縮時間並更快地吸引事物。你們有些人想要創造更大的豐盛，吸引靈魂伴侶或更快減重。表現得彷彿你已經擁有某樣事物，對於將它帶進生活有很大的磁性吸引力。例如，你可以藉由假裝擁有你追尋的品質來加速你的靈性成長。你可以想像你擁有你想要更多的品質，例如和平或喜悅。如果你希望在某些地方更豐盛，假裝你擁有它。擁有的感覺如何？你的行為會有什麼改變？花時間觀想任何你想要的事物，想像你已經擁有它。對自己說：「我現在就擁有＿＿＿＿。」在空白處填上你想創造的任何事物。當你想像擁有某樣事物，你對它會更有吸引力，而它會更快地進入你的生活。

要更快地創造事物，把焦點放在它帶給你的本質而非它的形式。例如，如果你想要一輛新車或一個新家，把焦點放在擁有它們你能得到什麼。也許新車給你的是更可靠的感覺，而新家給你的是更多的空間……等等。你現在就可以開始創造你想要的本質。你可以整理你的舊車讓它變得更可靠，你也許可以在你現在的家中清空一個房間的角落，創造更多空間。藉著讓你的舊車更可靠，你對於一輛可靠的新車更有吸引力。

問問你想從減重得到的本質是什麼，擁有新的靈魂伴侶，還是其他的原因。當你專注於你想要的本質，你會發現許多方法讓你現在就擁有那個本質。當你把想要的本質帶進生活，你對於你想要在生活中得到的特定形式也更有吸引力。

對你的大我而言，時間只是讓某件事發生所必要的步驟數目。想著你要的事物，想像你進入大我的世界，看見你想要的事物被創造，彷彿你能看著它從無到有地形成。接下來，想像你能感受到所有的部分——創造它需要的步驟。你不需要知道確實的步驟是什麼，只要感覺或想像它有多少步就行了。

然後，你可以加速這些事情發生，想像你看見自己更快、更喜悅地採取這些步驟。你可能甚至會看見自己跳過一些步驟，直接走向你想要的東西。愛你自己，不管你有沒有你想要的事物，而不「需要」的態度，會幫助你採取步驟，更快地把它帶進你的生活。

你可以學習改變時間在你的生活運作的方式，控制事情發生的速度。你可以加速你的成長並更快地吸引事物。你可以學習到達更高的意識狀態，與時間合一，讓你在大我無時間的國度裡完成大量的事情。

## ❖冥想練習——伸縮時間

這個冥想的目的是學習如何伸縮時間。

你可以請朋友問你問題，或在心中問這些問題，或錄下那些問題然後放出來問自己，用暫停鍵給自己回答的時間。如果你是獨自一人，你可以在心中回答問題，或大聲說出並錄下你的答案，或者用筆寫下它們。

**步驟：進入大我的狀態做這個冥想。**

伸展時間。作爲你的大我，給自己以下問題的建議。你可以假裝你的大我是個很有智慧的顧問，對以下的事情提供建議。

1. 什麼是你下個月的更高目的？下一季？下一年？盡你所能找出最多這些更高目的的內容，盡可能用各種方式描述它們。

2. 在以下生活領域中，什麼是爲了達成你的更高目的，你能做的最重要的一件事？

a. 營生（工作、職場生涯、主要活動）。

b. 物質豐盛（金錢、物品）。

c. 環境（起居空間、地點）。

d. 靈性成長活動。

e. 安適（健康／體魄、娛樂、嗜好、旅行）。

f. 關係。你生活中最重要的兩個人是誰？你可以做什麼來對他們有所貢獻？這些關係如何貢獻你的更高目的？

3. 對於創造你的更高目的，有沒有什麼你必須放手的事？你必須做什麼樣的承諾來達成它？你如何帶著更多喜悅來創造這個更高目的？

4. 爲了開始完成這個更高目的，你在下週能採取的一個步驟是什麼？

壓縮時間。想想你明年的更高目的，想像創造這個更高目的需要的步驟。

1. 約略感受這些步驟，有幾個步驟？有多複雜？它們會以什麼順序發生……等等？

2. 想像自己喜悅地採取這些行動，每個步驟都讓你變得更擴展、更光明。你也許看見自己跳過了幾個步驟，直接到達你的目標。

3. 讓你自己感覺這個更高目標達成時的情緒，感覺它增加了你身體中的光。對自己說：

「我現在已經創造了＿＿＿＿。」（你的更高目的）

4. 當你準備好了，回到這個房間，記住你剛才接收的所有指引。

# 第三部

# 向外擴展

# 15 成為光源

你們是治療師、老師和領導者。你來這裡的目的，是為任何你選擇工作的地方，帶進新的訊息、想法、療癒工具和愛。你們會在許多領域工作，因為新的意識需要建立在社會的每一個角落。當你的靈性成長並開啓內在的光明，你會成為光的源頭並開始覺醒他人。

你——作為你的大我，在你選擇出生之前，存在更高次元的光中。為了在這個星球生活，你的大我首先創造了一個精神體，作為你的模型，並依此建構你的脈輪、經絡和能量系統。然後你的大我為你的精神體吸引你的心智體、情緒體和身體能量。

你想像有一天你為自己穿上層層的襯衫、長褲、襪子，再加上很多件厚重的毛衣和外套，你的感覺如何？這就像你的大我進入物質身體的感覺。別疑惑為何你經常感覺如此沉重！當你的精神離開肉體，你就脫下了這個外殼，回到你的大我無形無相的本質世界。

因為你來自更偉大的精神和光的次元，你們很多人感覺生活在地球的物質次元很困難。你們有些人和身體的連結並不完全，因此比較喜歡活在在心智的世界而非實體的世界。你可能希望你能創造現實，就像在心中想像它們一樣快速容易，那是因為你對於更高次元還有模糊的記憶，在那裡你想到什麼就立刻創造了它們。

作為你的大我，你有很寬廣的朋友網絡，你們的心靈相似，為更高的目的一起合作。你們很多人形成靈魂團體結伴來到人間。當你們在人生中相遇的時候，或許會有一種似曾相識的感覺——像是見到久未謀面的老友。你們有些人已經在地球空間工作了許多世，也有人最近才加入。你被這個時代提供的巨大機會吸引到這裡來，你到這裡療癒、教導和帶進光明，這給你的大我變得更加靈光閃耀的機會。

你的大我明白進入物質次元的地球空間需要多少勇氣，因為地球嚴重混亂，遠離精細、清明、和諧的高次元能量。你的大我想要的成長，來自學習把它的精細能量帶進你的地球生命和物質世界。你的大我覺得，你在地球混亂不安的能量空間學會穩定保持光明的功課，將會大大地增加它的光明。

你們很多人對於在更高次元接受的恆常的愛與支持仍然有模糊的印象。以至於你也許經歷痛苦的童年，感覺不被周圍的人了解和欣賞。你也許感覺這個世界應該更有意義，人類不需要經歷這麼多的痛苦和迷惑。你可能很努力地想取悅周遭的人，因為你希望他們感覺很好。你可能「感覺」別人的情緒而經常不知道自己是誰，因為你迷失在他們的感覺中。你也許把別人的痛苦和負擔穿在身上像是自己的，並試圖為他們解決問題。

你也許選擇困難的童年，因為你知道那會為你建構完成人生目的需要的堅強性格。當別人不能肯定你所是的樣子，你便有機會透過相信自己，不靠任何外在的認同而成長。缺乏外界的認同和幫助，你會變得更加自足與獨立，讓你為自己找尋方向而不倚賴任何人，使你更能體會人們的處境而培養慈悲心。

當你還是個孩子，你不會被完全孤立和忽視，然而你的父母認識你的程度只到他們認識自己的程度。許多高靈自願來當老師或是讓自己置身於孩子的環境中，如此他們能夠為你種下成長的種子，成為你本來就是的治療師和老師。你或許還記得一個讓你的生命發生重大改變的老師或是特別的成人朋友。

很多高靈是母親、父親、學校老師和保姆，因為許多現在誕生的孩子都是進化的老靈魂。這些特別來服務兒童的人士，明白幾句鼓勵的話、片刻的認同和興趣的火花，就足以喚醒這些光的小孩的人生目的，並增進他們整個人生的效益。

你知道你的內在有多強壯，無論你發現自己陷入何等困難的情況，你都能找到轉化的辦法。你們所有的人都必須以療癒自己為優先要務，因為你們大多數的人都進入了比出生前混亂很多的振動和能量中。別責怪你的懷疑、罪惡、悲傷或恐懼，明白這是因為你進入人類這個進化階段的肉體，才會產生的感覺。

你可能選擇在個人經驗中，體驗某些人類作為一個整體尚未進化的地方——例如恐懼或懷疑。因為當你發現在內在改變它們的辦法，那將是你貢獻給別人的工具。因為每一個你把自己帶進更高振動的部分，都讓人類更容易把內在類似的部分帶進更高的振動。你的選擇，在心電感應和能量的層次上為人們提供了選擇。每一次你愛自己或表達慈悲與智慧，你也在貢獻全體人類。

你明白你是在許多改變發生的期間來到地球。事實上，在你的此生，地球發生的重大改變比歷史上任何其他時期都多。例如，你們的人口正快速地增加，比過去任何時期都快，而你們的社會結構和文化結構也會快速改變，以因應人口成長的變化。

你是新時代的建構者。你來此協助人類進行轉化，你可以從擴展你自己的意識、療癒你自己和把你的人生志業推展到世界，來開始這一切。

在混亂的時代中，事物不斷改變，提供許多成長的機會。你可以想像一隻嘗試飛行的鳥，如果沒有氣流會讓起飛更加困難。就像小鳥一樣，你需要適量的變動和改變——亂流——來成長。你們很多人在危機和變動的期間才會開始更主動地追求靈性成長。雖然你不需要用危機來讓你成長，但你們許多人只在事情被攪動，或舊有的模式不再有用時才會改變。

## 從小你可能就感覺自己有特殊的目的和使命

你也許感覺你有特別的目的、某種使命需要完成，即使你可能完全不知道它是什麼。當你發現你對個人價值的內在感受只受到很少的外在肯定時，你對於自我價值的懷疑可能會增加。但是，即使遭遇困難或缺乏別人的支持，你仍然被一股強烈的內在力量牽引，不斷追尋、發現和實現你更宏偉的目的。

因為物質的密度可能經常阻擋你憶起你是誰，以及你的更高目的是什麼，你們許多人迷失在自我批判和疑慮之中。有更多的人，因為自我懷疑和太過謙卑，而非其他的理由，在實現你的更高目的方面成效不彰。相信你的夢想很重要，它們會指引你你的特別目的。如果你還沒有找到你的更高目的，相信你做的每一件事都在引導你踏上這條更高的道路。當你繼續成長，你會明白你的特別目的是什麼。

你們每個人都因為特別的目的而出生，一個沒有別人能夠替代的獨特角色。你選擇出現在變革發生的前鋒，貢獻自己來建構支持超意識實相的各種新形式。你們許多人受到能夠自由設計和實現自己想法的個人工作所吸引；如果你在一個大公司工作，你會比較喜歡能指揮事情完成的職務。

## 你領先你的時代

你是抱持人類願景的夢想者。你可能不明白為什麼你想的和別人不一樣，或懷疑你為什麼有時候不像別人適應得那麼好。你那些不普遍、不尋常的想法和意見，會是帶來改變的想法，為即將來臨的更高意識做預備。你也許會獻身於生態學、和平運動、科學、高科技、心理學、形而上學或其他的領域，為人類貢獻新的視野。

想像你正走上山去，有很多人走在你前面，也有很多人走在你的後面。現在，想像走在前面的人轉身送出很多的光、愛和能量給你，照亮你的道路，讓你的旅程更輕鬆，讓你愈來愈清楚地看見你要去的地方。你的步伐更堅定，你能走得更快。現在想像你轉身送出你的光和智慧給走在你後面的人，送出你的鼓勵和你對路途的認識。

你不需要單獨地完成你的靈性旅程，在你的實相和更高的次元有無數的靈魂先你而行，並為你照亮你的道路。當你成長，你也會幫助別人更輕鬆地完成旅程。只有你能為自己踏出成長的步伐，當你這麼做，會有許多光和協助等著你。

在你之後一步之遙有成千上萬的人正在覺醒。你可以回想踏上成長道途之前的你，這世界還有許多的人正是你當初的樣子。他們可能還不知道在哪裡轉彎或甚至該尋求什麼資訊，他們才開始發問、聆聽和遵循。當你揭開面紗，覺醒並踏上你的道途和真理，你會伸出手去幫忙他們，而他們也會幫助在他們之後的人。

## 人類正處於快速進化的過程

你的能量體正在進化。當你的靈性成長，你的氣場會散發靈性的光澤和新的能量。因為新人類會擁有一個能在更高頻率振動和發光的光體。你，你的孩子和孫子們，會帶來一場遠超過你現在能想像的意識轉化。

現在的你掙扎努力想達到的事——更有愛心、相信自己、寬恕、慈悲以及放下痛苦和負面——在未來的時代，當人類的能量系統更進化的時候，會變得很容易。人類會有更完整成形的光體，並成為閃耀的光源。

你們很多人希望這是你在地球的最後一世，而說起「最後一世」彷彿把它當成靈性成長的終極目標。當你在愈來愈高的層次的地球生活達到大師境界，你也許會也或許不會選擇在過世之後再回來。地球空間是一個美麗的地方，當你成為生活在更高意識的大師，你可以在地球體驗天堂。許多高度進化的靈魂選擇回來，因為他們愛人類和地球本身，即使他們已經有能力生活在其他次元。更高層次的大師境界，會給你更大的能力幫助別人成長，同時因為你的服務能力，它也是成長自己的更大機會。

你並非因為層次太低，無法生活在更高次元而留在地球空間。你的大我送出它的一部分——你——進入這個次元，以學習它的意識在物質與形式世界的表達。信任你此刻在這裡，是因為它是對你而言最好的地方，並提供你最大的進化機會。當你成長和擴展，你的大我也會成長和擴展。愛你的人性也愛你的神性。你在日常生活中體驗的一切——你的挑戰、感覺、關係，正是你要從中學習的一切。

你擁有的想法和感覺——你的所有人性，提供你豐富美妙的機會成長，並成為別人的光源。當你變得更充滿光明，你在幫助人類達到「臨界質量」。當夠多的人們保持並發出更大的光，所有的人將一起創造巨大的躍升，達成新的進化階段。當更多的人擴展，他們會發現成為他們的大我和開悟很容易。當有更多的人學會保持和散發更多的光，就可能讓許多其他的人在今生展現他們全部的潛能。

## ❖冥想練習——成爲光源

這個冥想的目的是揭開無知的面紗。它會幫助你想起你是誰，並看見自己更加無限的一面。

這是一個非常簡單但深刻的過程，你可以邀請一個朋友問你問題、在心裡自問這些問題，或是錄下這些問題再放出來，然後用暫停鍵給自己回答的時間。如果你單獨做這個冥想，你可以在心裡回答這些問題、錄下這些答案或寫下你的回應。

**步驟：進入大我狀態做這個冥想。**

1. 安靜地坐下，放鬆你的身體，閉上眼睛，做一次深呼吸。你的想法清晰而集中，你的情緒寧靜而安定。請你問自己：

a. 我是誰？（如果你在問一個朋友，問「你是誰？」）

b. 我從何處來？（如果你在問一個朋友，問「你從何處來？」）

c.我爲何而來？（如果你在問一個朋友，問「你爲何而來？」）

每一次問這些問題時，強調不同的字眼。例如，你第一次可以說「**我**是誰？」第二次說「我**是**誰？」第三次說「我是**誰**？」重複這個順序幾次。盡可能保持想像力、遊戲的心情和創意來回答問題。

2.你想問多久都可以。當你完成，回到你的房間來，花些時間回想你接收的洞見。如果你願意就把它們記錄下來。

# 16

# 在服務中開悟

有許多途徑通往開悟的境地。有一些開悟的修練包含呼吸和姿勢的技巧，有一些包括意志的鍛鍊。有一些途徑透過靜坐收服頭腦。虔心奉獻是一種途徑，愿力行動也是。這些時代還存在著一個重大的靈性成長機會，那就是在服務中開悟的途徑。

你們許多人來到這裡是為了在這個大蛻變的時代服務。你的許多成長會透過你對別人的服務和教導而來。你不需要登上公眾舞台、擁有知名度或做別人認為很重要的工作，才能有巨大的貢獻。你可以加光給這個世界，透過你做的每一件事，透過你的工作、家庭生活和其他的活動。你逐漸變大的光會在心電感應和能量的層次服務別人，因為當你成長，你變成靈性能量的發送者，你周圍的人會因為你而能得到一種更高的振動。

## 所有的教導都是學習，激勵別人就是激勵自己

你無法激勵和教導別人，如果無法激勵和教導自己。作為一個老師，你創造空間讓學習發生。每一次你為別人創造成長機會的時候，你是在激勵和教導別人。藉由學習創造讓人們靈性成長的空間，你自己也會獲得靈性成長。激勵別人會帶給你超乎想像的靈性收穫。

當你服務別人，你的周圍會得到一種燦爛和光明，為你在任何你所到之處創造機會和好事。你會發現更大的豐盛、深刻的內在滿足，以及周圍的人對你的尊敬與愛。你會發現很多能量回到你身邊，因為每次你為別人創造一個轉變，你也為自己創造一個進入更高意識的轉變。雖然你服務他人並非為了這些理由，這些會是你遵循你的更高道途時，可能得到的收穫。

我們稱呼你們這些以服務踏上開悟之道的人為「世界工作者」（world-server）。作為一個「世界工作者」意謂你尊重自己和別人，意謂你思考你的所做所為如何服務他人。它意謂你發自真心，守護你最深的價值。它意謂帶出人們最好的一面，協助他們發現他們的潛能和他們生命的更高計畫。

成為一個「世界工作者」意謂你對你的成長承諾，並遵循更高的道途。它意謂你承諾讓你的生活平衡，如此你才能夠投入很多的時間給你的更高目的。你對世界的服務會在你要求和準備好時來到。世界服務會來自你執行你的人生志業，並遵循你的更高目的。

當你開始要求機會為世界帶來不同，你也許會發現自己正投注能量，讓你的生活在更高的層次上順利運作。如果你的生活一片混亂，而你的問題占據你太多的時間和能量，你是無法有效率地服務別人的。解決你的問題並讓你的生活順利，是你的靈性成長非常重要的一部分。

你愈有顯化的技巧和用清晰和愛處理日常生活的能力，你愈容易完成你的更高目的。當你的生活開始擁有更多的秩序與和諧，你會發現許多機會去做有意義的貢獻。你會進入一個層次，在那裡你最多的成長來自你的世界服務。

當你向上伸展並增加你的光，你會為自己吸引一切能夠把你的工作推向世界的可能形式。如果你還不知道要用什麼方式服務世界，別擔心，從抱著服務的意圖開始。整頓你的生活秩序。一旦你要求服務的機會，你的大我和宇宙的更高力量會聽見你。所有的機會會來到你身邊，只要你準備好。

## 激勵人們，

## 意謂幫助他們在生活中創造正面的改變

提升意識是你的世界服務中重要的一面。藉由支持人們，你創造了意識的提升。人們會在有了新的洞見和覺察時改變，也會在有人碰觸他們最深的存在和被愛輕撫時改變。

真正的服務在開放、愛和邊界消融的片刻發生。它在你感受你們的平等、認出對方的神性，和你用行為支持對方的時候發生。它在你連結更高力量，並透過這個連結讓更大的益處來到你們兩者時發生。你連結對方的大我，而你們在離開時都更為擴展。在這些時刻，你是老師也是學生。

激勵和幫忙不同。如果人們餓了，你可以給他們食物，暫時幫忙他們。當你教他們自己獲得食物並能自給自足，你激勵他們的力量。如果你是一個治療師，你可以不斷「修補」人們的問題，或是教會他們解決自己的問題。激勵意謂教導人們可用的技巧，來為他們自己的生活負責，而不是反覆從問題中解救他們。激勵指的是愛人們而非拯救他們。問你自己：「我現在所做的事如何服務這個人，讓他變得更加自足與獨立？」

當你幫助人們——或許是幫他們找到一個問題的解決之道，他們可能會保持原狀或在生活上做出正面的改變。如果他們改變了，你便提升了他們的意識，並對他們有真正的貢獻。於是，他們會擁有更多選擇，並對自己持有更高的願景，這些能為他們創造更好的生活。

為了提升意識，你需要認出你能在哪裡創造真正的變化。這需要你知道何時人們對成長保持開放，並且只有在他們準備好的時候給他們協助。以這個方式，你會從你接觸的人獲得許多能量，你和對方相處的時間也會對你的靈性成長有貢獻。

你不會想在人們準備好之前，發起改革運動或說服別人必須改變。一個試圖改造人群或社會的運動，只會引起分裂和浪費你許多寶貴的能量。相反地，你可以幫助人們提升他們的意識，並對他們的生活做出持續的貢獻。

你也許懷疑，如何在這個時代對社會輿論和環境議題提供幫助？你能做的最重要的事情之一是，幫助人們提升到更高的意識。在更高的層次，人們會為自己、為他們的社會和環境負起更多的責任。當夠多的人擁有更高的意識，這些輿論議題的解決之道自然會被發現。

意識可以很簡單地提升。當你和孩子或朋友在一起時，把焦點放在你可以做什麼來為他們創造提升。當你和人們碰面，想想你可以為他們貢獻什麼，而不是從他們獲得什麼。如果你和朋友聚會，問一問你們可以一起做什麼讓每個人擴展的事。問你自己：「我的言語和行動如何服務他們？」每一次你發自內心，用愛來說話，並幫助人們認出他們的神性，你就提升了他們的意識。

即使當你和一個生意上的客戶碰面，問自己：「什麼是這一通電話或拜訪的更高目的？我如何對他的生活有貢獻？我的工作、產品、建議或服務，如何讓這個人更有力量？」當你常常這麼做，你會提升你們的友誼到更高的層次，並加速你自己的進化。當你開始專注於服務別人，你也許會發現許多美妙的驚喜和事業的成功。

有一位女士發明了一個遊戲在聚會的時候激勵她的朋友。她要他們全部假裝現在是一年之後，並聊聊他們在過去一年內完成的好事。她善用每一個機會為人們帶出他們的更高願景，幫助他們用言語表達出來並鼓勵他們創造它。人們總是非常渴望和她相聚。

你可以提升小孩子的意識，透過接觸他們的大我，即使僅有短暫的片刻。想像你的大我連繫他們的大我，在心裡對他們說：「我看見你內在的美和光，我知道你是偉大的存有。」孩子們通常會以某種方式回應你無聲的訊息，而你則幫助了他們的靈性覺醒。

你可以幫忙提升每一個人的振動音調，藉由想像你激勵過別人的每一件事，能幫助這世界上每一個有相同需要的人。例如，當你幫助一個人，想像你幫助了每一個有著相同問題的人。當你幫助並愛你自己的小孩，想像你的愛進入世界觸及每一個現在能用上這份愛的小孩。

## 重要的是明白提供幫助的時機

提升別人的意識到更高的層次，需要你付出相當的能量。重要的是去學習，創造這個提升需要投入多少能量。你也許體驗過幾句簡單的建議就幫助了別人，他做出改變並解決問題，這種交流可能讓你感覺美好和充滿能量。

你也許和朋友之間有過其他的交流，你耗費許多能量幫助他們，但是他們一再出現的問題卻從未解決。你可能會感覺能量低落，因為你付出的能量並沒有對他們的生活創造任何持續的改變。如果你選擇錯誤的時機幫忙，或是對方沒有對成長開放，你會耗費許多能量卻沒有成果。你也需要學習知道你能轉化多少能量，而不去做超過你處理能力的事。

你的周圍有你送出很多能量卻沒有成長，或者以某種方式讓你感覺負擔的人嗎？在心中想像你放下這些負擔。把這些人交還給他們的大我來幫助他們成長。送光給他們，放下你照顧他們生活的責任。你們有些人會知道你扛著別人，因為你有肩膀和背部的問題。常常你的背部疼痛，是因為你扛起太多不是你的責任和負擔。

你的意識愈高，你把能量放在無法造成提升的地方的代價就愈大。你可能感覺疲憊或能量低落，甚至生病。當你創造一個提升，你會感覺充滿能量，你的光芒會增加。當你成長，你會想要對於你投注能量與時間的對象和事物，以及你所創造或未創造的結果更有警覺。

當你感覺人們像負擔，那是一個信號，代表你「背負」他們並不符合他們的更高益處。你也許取走了他們的功課而減緩他們的成長。他們可能變得對你倚賴，而停止為自己的生活負責。那些因為你的協助而快速成長的人不會讓你感覺負擔。

有一位女士的好朋友總是生活在一片混亂中，經歷許多不快樂的關係，也找不到喜歡的工作。有好幾個月她每天花很多時間輔導她的朋友，甚至幫忙她找到一個好工作。然而似乎什麼都沒有改變，這位朋友仍然面臨關係的混亂，而且也沒有什麼工作對她來說是夠好的。這位女士開始感覺她的能量愈來愈低落，並開始理解到她扛著朋友的負擔，把它們當成自己的，她的朋友並沒有利用她的指導來成長。於是她在心中卸下了這些重擔，並且送光給這位朋友。她溫和地讓朋友知道，她再也沒有興趣解決她的問題，但她也讓朋友知道，她仍像從前一樣愛她。不久之後，這位女士認識了一位相處愉快的新朋友。她的老朋友也找到另一位可以訴苦抱怨的人，然而生活仍然沒有任何改善。

在我們的世界，服務別人是一種偉大的榮譽，需要許多研讀、自我觀察和靈性成就。一個人的能耐展現在花費一次能量能創造多大的提升。你的意識愈高，投入相同能量所造成的轉化愈大。當你到達大師境地，你學會在對的時間和地方，投入少許的能量便能創造巨大的提升，而能幫助許多人。

我對珊娜雅的工作準則是：我們一起做的每一件事，必須對人類產生持續而重大的貢獻。我能為你們提供最大服務的方式，是讓你們直接體驗自己的力量，這可以透過教導你更高的意識狀態和找尋你自己的答案的技巧來做到，也可以簡單地透過愛你和反射給你你的美麗、智慧和慈悲做到。

在我進行任何計畫或對任何人工作之前，我會問：「我有多少機會為這個人或這些人做出持續的貢獻？」我會檢視所有我可能投入能量的地方，然後選擇能為人們創造最大轉化的那些。

## 你可以直接和人們的大我說話

安靜下來，在心中問人們的大我是否適合由你提供幫助，或者他們仍需要學習他們問題的功課。對於是否要提供幫助，你會有確切的感受。如果你沒有得到答案，在協助前先等待，並且在別的時間再問一次。不要採取任何行動，除非你得到一種確定的感覺，知道現在適合用你想用的方式幫忙。

你也可以要求你的大我給你一個象徵、畫面或訊息，關於人們對成長的準備和你可以提供多少幫助。如果他們準備好接受你的幫助，你可以問你能做什麼來為他們帶來最大的提升。有時候人們並沒有準備好成長或改變。那麼愛他們就好，認出他們的神性，讓他們做自己就好。

有一位女士投注極大的能量想鼓勵一位意志消沉的朋友，但是對於他的毫無反應感覺很疲憊。她要求一個代表他情況的象徵，她在內在畫面看見他像是非常乾裂的土地，只有少許水滴在地面上，水滴甚至無法滲入泥土，因為土地太乾硬了。她了解到她——水——無法穿透他，而試圖幫助他徒然浪費她的能量。於是她就送光給他，在心中送出訊息說她愛他，並停止投入她的能量。

當你幫忙人們之前先向內在對準他們，如果你得到一種「不，現在不要提供幫助」的感覺，那麼簡單地送光給他們，讓他們在想運用時運用就好了。放下任何你看著他們做功課時可能會有的不舒服。有時候你不會得到什麼訊息，你只是有一種抗拒幫忙的感覺。請明白人們並不總是準備好放掉他們目前的危機或問題，而且有些時候你就是無法創造提升，不管你為他們投入多少能量。他們的大我將他們放在這些情境中幫助他們成長，而他們可能正在從這些處境中學習他們的功課。當人們準備好做轉化，你甚少會在協助他們時碰到抗拒。

為了服務別人，你需要慈悲心和保持抽離的能力。慈悲是幫助別人了解他們正在學習的事，並協助他們看見正在發生的經歷中有什麼禮物。那是看著人們以他們選擇的經驗方式，走過他們的功課。明白他們在人格層次也許受苦，然而這種痛苦會幫助他們誕生一種新的、更強壯的自己。藉由專注於他們的問題帶來的所有禮物，例如教會他們愛自己、慈悲、耐心、內在的力量和其他正面的品質，你能幫助他們。

在人們的理解層次幫助他們。在人們能覺察他們創造自己的實相之前，他們會認為自己是命運或環境的受害者。在這種層次，向他們說，是他們創造自己所經驗的環境，只會讓他們有罪惡感和退卻。如果你認識的人生病了，而他還不到了解他創造疾病是為了成長，對他說是他創造了自己的病只會讓他感覺更糟。在人們所在的層次提供協助，只在他們準備好時，幫助他們看見自己如何創造了問題。

# 一個人能夠創造巨大的改變

成為世界工作者意謂加入更高存有的社群，一起為帶給別人光明與進化而工作。你自己的成長會加速，你會有能力吸引讓你創造改變的人和機會。你會被吸引到你能提供世界服務的地方——和平、環保、教育、藝術、醫療、科學、形而上學和其他。你可以在你的職務上服務。你現在所在之處，恰是可以開始服務和支持別人的地方。

為了讓別人覺醒，你要保持高昂的意志，散發內在的光芒。你給世界最偉大的禮物之一是，保持熱情和充滿能量，熱愛你的生活和工作。用你的熱情吸引別人，散發你想在人們身上看見的品質。

當你成長，事情會變得非常容易完成，重要的是不吹噓你的成功。與其把焦點放在你的成就，不如認出你朋友們的成就。在人們提升或跨步向前時為他們喝采。

只要有一些人活在更高的振動層次，就足以為許多其他人打開門户。成為世界工作者是通往開悟最快的道路之一，並且會帶給你喜悅、豐盛和內在的滿足。善用你的每一個機會服務和支持別人。這麼做，你會在服務中開悟。

## ❖冥想練習——在服務中開悟

這個冥想的目的是，要求擴大你的世界服務。你可以在身旁擺一塊水晶或握著它冥想。

**步驟：**

1. 召喚光的到臨。想像你在一只光蛋之中，它將你帶往許多高靈聚集的光殿。當你接近光殿，感覺它所呈現的寧靜、愛和喜悅的美麗能量。你的大我招呼你，引領你進入一個由許多高靈圍成的圓圈中央，你可以或坐或站。你將參加一個爲慶祝你承諾更大的世界服務而舉辦的慶典。

2. 你的大我和那些高靈正爲你打開一道象徵的門，這道門通往更高的道途和世界服務。在門的另一頭是巨大的光明和加速的靈性成長。穿越這道門，對你的生命會造成非常眞實的改變，你會吸引更多機會做出有意義的貢獻。穿越這道門，你便對更大的世界服務做了眞實的承諾，給你自己必要的時間思考。當你準備好，請你走進這道門。

3.在你通過這道門之後，許多高靈向你靠近，一次一位，送給你特別的禮物，幫助你執行你的世界服務，你可以想像這些高靈和你得到的禮物。了解你在實現更高目的時，你得到完全的愛與支持。

4.拿起你的水晶，將它靠近你的心。要求更多的世界服務，並確認你已經準備好了。要求讓你知道更多關於你更高目的的本質和世界服務的道路的事。你的大我和高靈們會加持你的水晶，並爲你的世界服務送能量。未來，你可以握著你的水晶，而它將幫助你加持你的世界服務。

5.你的大我向你靠近，你們開始結合，合而爲一。現在，你就是你的大我。這裡的高靈們邀請你加入他們送出覺醒的呼喚，邀請所有準備好的人喚起他們的大我。請你用光充滿自己，然後讓光從你流出來，加入所有高靈們的光，這光會被送給所有喚醒他們內在的光的人。你正在變爲一個光源並開始覺醒別人，請感受正在貫穿你的能量。

6.如果你想送一個心電感應的訊息給某一個人的大我，你現在可以這麼做。盡可能用愛的言語送出最高的訊息。請你的大我把你的能量變得更美麗，然後從你的心送出能量給這個人的心。

7.舒服地待在這裡，想待多久就待多久。當你準備好了，在心中告別這些高靈，回到房間中，感覺你增加的光和內在的平靜。

當你送出光，你增加你的靈光和你的靈性成長。當你成為更偉大的光源，不斷的光、能量和愛會被送給你，協助你完成你的工作。

# 17 揭開幻象的面紗

揭開幻象的面紗，意謂你能憶起你是誰和你的更高目的是什麼。它是超越生活在濃密物質中所造成的面紗，並記得更高次元的真相。它是明白意識才是你的主要實相，起因實相（causal reality）。它是學習透過大我的眼睛來觀察，而明白什麼是真相、什麼是幻象。

實相和真理依照你的振動而改變。你的振動愈高，你愈能愛自己，並以慈悲的態度對待別人。在某一種振動層次，報復可能是一種回應別人對你虧待的方式，因此報復就是那個人的真理。當一個人在更高的振動層次，他可能會了解因果的道理，並明白送愛給對你不好的人是多麼地有力量。當你提高你的振動，你的真理會擴展，幻象的面紗會消失。

幻象總是承諾要給你一件事，但實際給你另一件事。你也許經歷過這樣的事：你得到你渴望的事物，但是它並沒有給你你以為它會給的東西。有一位女士認為，生一個小孩應該可以解決她和她的先生之間所有的問題。在有了孩子之後，她了解到孩子帶給她很多喜悅，卻沒有解決他們之間的問題。許多人認為物質財富會解決所有問題。他們經常得到的教訓是，問題會隨著金錢的累積而增加，除非他們直接解決這些問題。最後他們會了解金錢無法給與他們內在平靜、解決關係的問題，或讓他們感覺安全，直到他們直接處理這些課題。

如果所有的幻象消失，你能明白更高的真相，你的生活可能會有什麼改變？你會創造那些最能充分發揮你的才能和代表你是誰的事。你會有能力正確地評估情況，明白採取什麼行動去產生你要的結果。你會知道從什麼層次對人們說話和工作，因為你能分辨人們的理解和開展的層次。你會告訴自己事情的真相，而能看穿表象，知道什麼是真的。你不一定會相信人們說的話，你知道對你而言什麼為真。你會堅守你的信念，即使周圍的人和你相信的不一樣。

你會對你的目的有清晰的願景，並明白採取什麼行動去達成它。你會看穿人們的人格，看見他們的大我。你不會讓自我懷疑或認為自己不夠好的想法牽引你離開你的道途。相信你和你的道路，你會有更大的力量和勇氣實現你的工作。

當你還很小的時候，你們有些人因為不想看見自己的實相而逐漸關閉了視野。你們有些人按照字面的意義降低了「看見」的能力，而必須用眼鏡來恢復視力。確定你現在已準備好更清楚地看見世界。有些人發現，當他們決定願意清楚看見世界的真實風貌，揭開幻象的面紗，他們的視力便改善了。

## 放下批判就能看穿幻象

批判讓你看不見事情真正的樣子。學習觀察而不比較，不投射你的想法給別人，不評估或編造發生的故事。

例如，你看著夕陽西下。你可以說：「溫暖可愛的夕陽，婉約地棲息在疲憊的老山丘後方，在嘆息中對大地灑落她最後的一抹餘暉。」或者，你可以說：「太陽落下山丘，天邊出現幾道金色和紅色的光影。」後者只描述事情的樣子而不添加任何詮釋或情感。你用批判、投射或詮釋，為你覺察的事添加了多少色彩？練習對自己描述事情本來的樣子而不添加任何故事，那麼你會看穿你的知覺為你創造的幻象。

要了解你如何投射給別人你對事物的感覺，你可以拿一樣東西放在眼前，在心裡描述你的感覺。這麼做，你也許會了解你對別人投射了多少你對世界的觀點和感覺。例如，有一位女孩，看著一張椅子，她說這張椅子對於整天有人坐在它身上，卻從未感謝過它承受的重量感到厭煩。她投射她的感覺給這張椅子，她覺得人們「利用」她，卻對她承受的重擔毫不感激。

當你批判別人，你在投射你對實相的想法給他們。這些想法可能完全不能正確地描述他們！例如你在一家商店看見有人怒罵小孩，你也許認為他們是壞父母。然而，他們可能累了、壓力太大，或正在做一件對他們的孩子而言是合適的事。送愛給他們會比負面的批判更能提升他們。

看著人們，對於他們是誰不帶任何批判，你會對他們感覺更多。在每一個人身上發現美麗，練習從你的眼睛和心送光或愛給他。當你藉著批判與人們分離，你無法服務他們。我們指導靈和你的大我從來不批判，我們送給你一道穩定的愛能，並且專注於你們的美好。藉由專注於你內在的美好，我們支持你成為你能成為的一切。

你可能因為執著而看見人們的幻象。由於你們很多人是天生的治療師和老師，你可能會看見人們發揮更多潛能的模樣。你們有些人，為讓心愛的人變成你知道他們可以成為的樣子而活。你可能不想面對他們現在的實相。雖然為人們持有很高的願景是一件好事，但是清楚地看見他們，並愛他們現在的樣子也很重要。

你是否活在某人可能變成誰的幻想中，而不願意接受他現在的樣子？或者你能不帶幻象地看著你心愛的人並愛他們現在的樣子？藉由專注於他們的長處而非弱點，你能幫助人們成長，認出他們的神性。

幻象發生在你只看見事情的表面，而沒有穿越表象檢視內部的時候。這就像你只憑外觀去買房子，而沒有檢查它的內部結構一樣。有時候你會對人們這麼做，當你只用外表判斷他們卻不認識他們的時候。偉大的大師無疑地會隱藏於人群中，他們變成你不認為高靈應該是的樣子——而你永遠也認不出他們。

藉著看穿他們扮演的角色，學習看見人們的更大畫面。如此，你會超越外在的表象而看見他們大我的實相。替人們連結他們在生活中做的事和這些事情的更高目的。例如，一個做打字員的女性，可能在利用這個活動練習連結她的手和頭腦，這可能是對她而言必要的步驟，以便為她開啓更高的道途——用手來做療癒的工作。木匠可能在學習把他們和別人的願景，從抽象的心智空間帶進實體的世界。思考你的朋友和他的工作，看看你是否能為這個工作發現更深的意義。你無法從人們的世俗活動看出他們是誰。

這也是一種幻象——認為如果你的靈性進化，你會變得很有名，或是成為檯面上的精神領袖。很多高度進化的存有獨自生活，以心電感應的方式在實相的內在次元傳播和平，或回答覺醒中的靈魂要求的指引。許多高靈選擇安靜的位置服務，作為園丁、幼稚園教師、搬運工和看護，只有一些高靈自願曝光。名聲和財富無法顯示一個人的開悟程度；高度進化和不進化的人都擁有名聲與財富。

## 幻象來自接受別人的想法和信念，而不問它們對你的價值

集體協議看待事情的特定方式，也會創造幻象。全部的人可能相信某件事是真的，直到有人證明不是這樣。曾經有一段時間人們認為太陽繞著地球旋轉。少數的個人改變了歷史的軌跡，藉由質疑這個集體信念並勇敢地探索他們的新理論。

你們是治療師、老師和領導者，你來這裡是為了創造新的可能性和帶進更高的真理，關於豐盛、星球的和平、生態環保以及更多。為了做到這點你需要看清這個世界，不要接受任何事情，只因為別人接受它。質疑你聽見和看見的一切，學習超越一般人認為的真實而發現你的真理。透過你對食物、能量治療、生態、和平、動物權、人權和其他議題的意見，你為地球帶進更高的真理。追隨你的心並相信你的真理，並非人們或社

會告訴你的就是最好的。當你發現對你而言什麼為真，你的例子可以協助人們發現更高的方法。

你如何揭開幻象的面紗？你可以從要求你的大我，並願意去看見被揭露的一切開始。質疑那些你認為理所當然的事，探索新的領域。想像你像小孩一樣，或是剛剛降臨這個星球，正在初次體驗這裡的每一件事。

## 真誠是活出你明白的真理

真誠是靈性成長的一個重要面向，它是以尊重自己和別人的方式行動、説話和應對。它是做一件事之前先檢視它們，並只做那些你知道為真的事。活在真誠中——你的信念與價值完全和諧，會加速你的成長並讓成長的過程更喜悦。真誠會把清明與秩序帶進你的每一個生活領域。檢視來到生命中的機會，別因為它們看來光彩奪目而想緊緊抓住，要因為它們有益眾人而好好把握。

為了揭開幻象的面紗，你需要學習你的真理並從真誠出發。你的挑戰也許會是，出於你的心而非出於你的意志和人們在一起。追隨你的心就會發現更高的真理。藉由把焦點放在服務別人，你能發現更高的真理。設身處地為別人著想，只做那些尊重彼此的事。明白什麼是你更深的價值並遵循它們。找出雙贏的辦法，而非必須有輸有贏。

發自真誠看穿幻象需要勇氣。在你揭開幻象的面紗前，你可能不確定你會不會喜歡你看見的東西。一旦你揭開它們，你會有更大的能力明白真理和認出你和人們的大我。你會能夠專注於你的更高目的，並成為你自己的主人。當你揭開幻象的面紗，你會獲得巨大的收穫；真正的靈性力量來自能夠清晰地看見事情。

## ❖ 冥想練習——揭開幻象的面紗

這個冥想的目的是揭開幻象的面紗，看見什麼是眞實。你會明白你的眞理，知道什麼在你的道途上，什麼不是。

**步驟：**

1. 深吸一口氣，放鬆你的身體，召喚光的到臨。在你的光蛋中，旅行進入許多高靈聚集的殿堂。當你到達的時候，你的大我前來招呼你，引領你進入一個美麗的花園。許多高靈將在此加入你，你的大我站在你身旁。

2. 你的大我問你是否眞正地準備好揭開幻象的面紗。請你進入內在並確定你是否準備好清楚地看見實相與看待他人，不帶任何幻象地認識他們。你準備好成爲自己的主人並信任你的內在智慧嗎？去除這些面紗，你的世界看起來會不一樣。

3. 一旦你確定準備好了，在場所有的高靈會一起送光來協助你的大我爲你揭開面紗。你可以說：「我已準備好知道、看見和成爲眞理。」你一邊這麼說，一邊想像所有在場的高靈一起送光和能量給你，讓你揭開這些面紗。深吸一口氣，感覺面紗已被揭開。

4. 在面紗揭開之後，開始與你的大我合一。感覺你的大我與你更完全地融合，從此你願意去知道、看見和成爲眞理。此刻你與你的大我合而爲一。

5. 感受揭開面紗的喜悅與歡慶，現在你能夠透過你的大我的眼睛，看見生活中每一個領域的實相。在這個光中坐一會兒，想像太陽光束從你頭頂照下，消融一切阻擋你看清實相的迷霧。感覺你正在變得開放、擴展與清晰。

6. 這個過程十分眞實，你看事情會開始不一樣，它會以一種符合你的成長的舒服速度發生。浸潤在此刻的光與愛中。當你準備好了，慢慢地回到這個房間。

# 18 像大我一般溝通

當你成長和進化，你說的話和你對別人的想法會對他們有更大的影響力。你對人們的正面想法和願景會把他們提升到更高的地方，你的批判則會降低他們的能量並讓他們退縮。為了要進入更高的空間，學習說話時遣詞用字的力量很重要。在更高的世界，每一個聲音、想法和字眼都有強大的效果，因此學習用愛的方式溝通很重要。

溝通的方式有很多，包括用意念接收和傳送訊息的心電感應，以及透過姿勢、動作和手勢溝通的身體語言和口語溝通。你可以學習像你的大我一般溝通，大我的溝通帶給你能量與愛，也給與別人能量和愛。當你像你的大我一般說話，你周圍的人對於你必須說的話會保持開放與回應。你能用精確的方式傳達真理，並創造寧靜與和諧。

## 所有的大我溝通皆始於心

說話時發自內心很重要。當你說話時帶著愛，真心地關懷別人更高的益處，你在創造一個真實的連結。當你帶著服務的動機小心地選擇字眼，你說的話會激勵人們成長。當你有意圖用言語服務別人的更高益處，你的話會有更大的力量提升對方的意識。在你和人們第一次碰面或說話之前，想像你從你的心對他們的心說話，要求你們在一起的時間有最美好的事發生。

聲音是一種很有力量的方式，能創造更高的意識，不管它是透過你的聲音或是透過樂器。你們很多人在這個時候來到地球，是為了運用聲音來提升意識。你或許發現你在一個對眾人說話的位子上、玩樂器或創作音樂、通靈……等等。

所有的溝通始於一種心電感應的連結，無論你是否能覺察它。在你開口之前，你會在某個層次覺察到對方。你可以提高這種知覺，並注意你說話時對方是否傾聽、保持興趣或認同你。注意對方對於你說的話理解到什麼層次，說對方聽得懂的話。在聽眾的層次說話很重要，你會對五歲和十歲的孩子用不同方式說話。如果你在說話前暫停一下，並感覺你的聽眾是誰，你的談話會有更大的效果。

因為所有的溝通始於非語言的心電感應層次，你能傳送心電感應的訊息給別人，不發一言便創造了關係的改變。如果你想和心愛的人談論困難的話題，先花時間處理這個課題，在說話前用心電感應傳送愛給對方。等待說話的時機，直到你感覺心的連結以及對方準備好要聽那些你必須說的話。

當你學會像大我一般溝通，你可能發現自己變得不常說話。寂靜有股巨大的力量，你會發現當你安靜地連結心愛的人，你們之間會有更多的喜悅和深刻的和諧。

下一次當你和心愛的人在一起，探索寂靜的連結感覺如何。當你們相聚時，要求他們花十分鐘安靜地和你在一起。你也許會發現一種比交談更豐富的連結，因為你們會以你們的大我加入彼此。你們經常在彼此分離時體驗這件事，因為當你們在分離後重聚，常常會感覺彼此更相愛、更連結。在寂靜中你們透過心電感應培養了更強大的連結。

## 你的言語創造你說的內容，

## 學習正面地說話

當你說話時，盡可能保持和諧與愛。你可以想像你在說話時對別人送出和諧與和平的波。對人們如何回應你正在說的話保持警覺。如果他們抗拒你，如果你不在一種受支持的環境，不必說話或試圖說服別人。許多能量透過你們的話語送出去；只有在你說的話對別人有貢獻而他們保持聆聽時才說，那麼你會得到比送出去的更多的能量。

說正面的和提振人心的話，為你和別人創造更高的實相，因為你說的每一個字都很有力量地創造你說的內容。例如，當你回家遇見家人時，你們很多人會把一天的苦水往外倒。談談今天發生什麼對你有意義的事來替代吧！說說你今天的新洞見和新發現。分享你不在的這段時間發生的正面經驗。談論正面和有意義的事，提升你和別人的能量，並在你們之間建立更深的連結。

你們有些人害怕說出你相信的事，特別是那些不被群眾接納的事。你也許有模糊的前世印象，因說真話而遭受迫害。你們有些人相信如果你說真心話別人會不愛你，於是你對心愛的人壓抑那些你必須說的話。你也許害怕表白而繼續做那些你並不想做的事，如果你這麼做，那些被壓抑的能量終究會以憤怒或淚水爆發出來。

你不需要壓抑你的想法或感覺，你可以說出心中的想法，用一種愛的態度和有益對方的方式來說。給別人一個機會愛你本來的樣子，比做出你以為能讓別人愛你的行為更好。要成為一個你不是的人，你只能偽裝；給別人機會從一開始就愛你本來的樣子是更好的禮物。對自己說：「我是受疼愛的。即使我表達我的期望和需要，我仍是被愛的。」

當你開始說出你的感覺，你可能並不總是能夠像你想要的那樣，用愛的方式來表達。愛你自己說真話的勇氣，肯定下一次你會更有能力用愛的方式，像你的大我一般說話。那些習慣為所欲為的人，一開始可能會不喜歡你為自己說話。讓他們面對他們的驚訝或不安，繼續真誠地說話。抱著服務的意圖，不帶責備的意味，用愛的態度來說，然後為你的感覺負責。

## 當你的靈性成長了，你的話對人們有更大的影響力

你有能力用鼓勵的話提升人們的能量，也有能力用批判的話削弱人們的能量。如果你發現人們有什麼你想批判的地方，請明白那也是你最能支持他們的地方。如果你逮到自己在批判別人，把那個你批判的地方當作目標，想像他們正在那裡成長和進化。

當你的靈性成長，人們會要求你指引他們的成長。你給人們回應的能力，是重要的技能。良好的意見回饋，在適當的時候給與，對於人們的成長能力影響巨大。好的回饋總是支持人們得到力量。它指點人們下一步的方向，並讓他們更容易跨步向前。

當你需要給人們意見，但你感覺據實以告會傷害他們的感情，你會這麼做嗎？要給

別人意見，從平靜自己和歸於核心開始。思考你想告訴他們的話。問你的大我，糾正他們或給他們建議能真正服務他們嗎？他們準備好聽你的建議，還是這麼做只會關閉你們之間的能量？有時候最好別說出你的觀察，並非每一個想法都必須說出來。有些人並沒有準備好聽你說必須說的話。

只說那些能夠服務別人的事就好，所有的事都用支持和愛的態度來說，真正的愛會被感受到的。如果你的意圖是愛與服務，你說的話來自你的心，你就會幫助人們成長。總有更高的真相，一種表達的方式，可以讓人們對自己感覺很好。如果你必須糾正人們的行為，或讓人們知道他們怎麼做會更好，學習用服務的態度和讓他們對自己感覺很好的心意這麼做。

這並不表示他們的人格永遠會喜歡你說的話。有時候你想溝通的事實，在他們人格層次聽起來不一定舒服。然而如果你的溝通發自內心，並帶著服務的心意，它會是帶給別人成長的禮物。

說話前，自問你預備說的話如何對人們的生命有貢獻

問自己：「我對人們說的話如何貢獻他們的成長？」如果你想做的事情只是發洩你

的憤怒，那麼別說。寫一封不寄給他的信，或大聲地說給自己聽，直到你準備好用負責任和愛的態度來說。

更高的溝通不會責備或怪罪別人，它是創造一個開口，讓對方成長。用愛的態度說出你的真理，對你的感覺負責而不為你的感覺責怪任何人，那麼你的發言會為別人帶來益處。運用你的仁慈與機智說出你的感覺或想法，長久下來會比你用憤怒的方式發言收穫更多。

如果你用讚美和認同別人來開始你的溝通，你會獲得更多注意力。你也許發現當人們恭喜你或讚美你，你會感覺很好而願意聽他的話。讚許人們，你會有更專心的聽眾。

如果你心愛的人不願意在你想要的深度和有意義的層次和你說話怎麼辦？你可以從心電感應的溝通開始。送給他們一個意念說你愛他們、接納他們本來的樣子。下決心只對他們說有關愛和支持的話。你會發現他們更常聽你說話，而你們用更有意義的方式互動的機會也會增加。

有一位女士對於丈夫從不表現熱情感到失望。她並沒有直接說明她想要更多愛的表示，只是自己生悶氣和保持距離。她的先生不明白這是什麼意思，她感覺更挫折。她不認為直接要求她想要的事情很恰當。有一天，她決定直接把感覺告訴他，不責備也不非難他。

她開始告訴他，她喜歡他和他們關係中的什麼部分。他安靜地聽。她告訴他偶爾的擁抱對她而言意義非凡，並且她想念身體的熱情接觸。他顯然並不了解這件事，並解釋在他的家族裡，人們只會對沒有辦法應付事情的人開放地表達熱情。對他而言，肢體的熱情是表示對方很脆弱的意思。這番談話讓她更了解她的先生對於表現熱情的抗拒，而他也開始更覺察她的需要。於是他們能一起找到彼此接受的解決之道。

如果你把焦點放在人們那些你不喜歡的行為上，只會引發他們更多相同的行為。有一個讓人們更容易以較高的方式回應你的辦法，那就是稱讚那些你喜歡的行為。對心愛的人試試看。每一次他做了你喜歡的事，稱讚他，忽略那些你不喜歡的行為。

有一位男士對他的妻子這麼做，很驚訝它的結果。在他改變說話方式之前，他總是盯著要她減下增加的體重，並時常取笑她的飲食習慣。後來，他開始在每一次她看起來很不錯或吃健康的食物時稱讚她，並且開始像他們在約會的時候那樣對待她，讓她感覺被愛、很特別。當他不再怪罪妻子增加的體重，她開始逐漸改變飲食的習慣，甚至降低了體重。批評人們大抵只會讓他們遠離你而更難改變他們的行為，大多數人對於稱讚比批評更有反應。

如果你的伴侶告訴你他們喜歡你的地方，你會如何回應？你可能會更常做那些事。你可能連他們告訴你的其他事情都更能聽得進去。當你把焦點放在人們的好，你支持他們創造更多表達他們的美好的行為。

如果你想要順利而清晰的溝通，說話前要確定那是個好時機，並且對方真的在聽。要達到真正的溝通，你必須保持連繫。只在有連結的時候說話，否則你會無目的地送出能量而可能感到能量低落。思考你說話的重點，清楚地聚焦在少數的主題比一次含括太多內容更好。

一切溝通始於一個你想傳達的畫面或感覺。做個有趣的實驗，請幾位朋友想起一片美麗草原，請他們描述當你這麼說時浮現在他們腦海中的畫面。每個人都有一幅獨特的畫面，並且可能與你的很不相同。這就是為什麼你認為你說了某件事，然而對方可能認為你說的是別的事。盡可能清楚表達你的想法並注意對方的反應，以確定他了解你的意思。

## 精確地表達自己，你會擁有你想要的一切

人們用他們自己的信念系統過濾聽到的話。他們會用他們的想法和情緒為你的訊息

上色。你也許對你的伴侶說：「我想要你今天晚上洗碗。」你的伴侶聽來變成：「你什麼也不做，我希望你偶爾幫幫忙。」甚至：「和你在一起真不快樂。」訊息可能被人們做不同的解讀，即使你想到的只是你感到很疲憊。經常你所說的和人們聽到的是兩件不同的事。

說你想要的事。人們通常比較喜歡清楚的行動準則，而非模糊不清的期待。例如你也許要你的孩子或傭人幫忙打掃房子，如果清潔工作中有許多對你而言很重要的細節，請你明確地要求。你們許多人期望別人對於「乾淨的房子」有和你相同的畫面。對某些人而言，一個乾淨的廚房，意謂碗盤收拾完畢和廚房的角落整潔；對另一些人而言它表示所有的用具都閃閃發光，廚櫃的門都要擦過，還有地板要打蠟。如果你不精確，你也許會對人們依自己的標準而做的工作感到失望，而事實上那已經是依他們的標準非常優異的工作。

你可以像你的大我一般溝通。在說話前暫停片刻，問自己：「我如何像我的大我一般說話？我會說什麼？用什麼方式說？」如此，你會把你的大我的能量帶進掌管溝通的喉輪。探索你的大我可能說些什麼，在所有的溝通中帶進你的大我，將大幅增加你的生活的和諧、寧靜和愛。如此你可以對別人做出真正的貢獻，用你的言語和想法激勵他們。

## ❖冥想練習——像大我一般溝通

這個冥想的目的是打開喉輪，並將它連結你的大我。

**步驟：進入你的大我狀態來做這個冥想。**

1. 把注意力放在你的喉嚨區域，讓大我精細的高頻振動，進入這個區域的每一個細胞和原子。作爲你的大我，你正在開啓並加光給你的喉輪。然後，從你的心送愛給這個區域，如此你說的每一件事都發自你的心。

2. 開始像你的大我一般說話。你可以開始發出嗡（OM）的聲音，然後衍伸到啊（Ahhh）。注意你的大我聲音是否比一般說話的聲音更慢、更低、更有共振、更豐富。

3. 作爲你的大我，給自己一個訊息，關於你如何能用更高的方式溝通，以及你如何開啓喉輪。大聲說出你的答案，注意你的大我聲音的音調特質。

4. 你可以用幾次嗡來結束這個練習。你可以玩一玩你的聲音，盡可能讓這些嗡聲更美麗，更有旋律。感覺嗡的能量影響你的全身。嗡的聲音能夠幫助你打開靈性中心，並將你的喉輪與大我相連。在今天或明天，找一個和人們談話的機會，像你的大我一般說話。

# 19

# 正確地使用意志

當你所處的能量振動進入更新、更高的能量層次，你有一個能量中心會劇烈地改變。這是位於你的太陽神經叢的「意志中心」。人類正逐漸離開聚集在意志中心的意識狀態，轉向把意識集中在愛的心輪。

你活在一個自由意志的星球，你的存在中最宏偉有力的部分就是你的意志。它把你向大我意志接收的靈性能量轉換成形式與行動。你的意志執行你的選擇與決定、尋找真理，並幫忙你守護你的信念。你的意志明白你是自我決定與自我指引的。地球實相最美妙和有挑戰性的一面，是學習運用你的意志實現你的更高益處，並與大我意志和諧交融。

運用意志就像開車一樣。意志如車，它是帶你到達不同地方的交通工具。你的意志可以踩煞車讓事情變慢，或踩油門讓事情加速。就像方向盤，你的意志可以控制你的行進方向。當你的意志與人格合一，你像擁有一輛性能可靠的車，開起來很輕鬆，可以輕易到達你想去的地方。如果你不知道如何使用意志，它就像一輛不可靠的車，你可能到不了你想去的地方。

在過去，強大的意志是必要的。武力和攻擊能對抗艱苦的情況。在今天，侵略和掌控的意志不再是生存所必須。在這個時代，重要的是用更柔軟而有技巧的方式運用意志，不訴諸暴力，用愛與創意讓事情完成。

## 信任宇宙為你並和你一起工作

許多文化教導你們，要得到你想要的，你必須非常努力，玩弄手段或保持野心，克服險阻打出一條路來。這個觀點是出於一種假設——宇宙是與你作對而必須加以征服的。如果你運用意志來對抗反對的力量，事實上你在創造原本並不存在的抗力。從假設宇宙是為你並和你一起工作，來幫你創造更高益處開始吧！

你們許多人獨立、固執，甚至像孩子一般叛逆。你需要強大的意志力，因為你知道你要為這個世界帶來新的思維和想法。你必需相信自己，即使周圍的人都不支持你的想法。現在你可以利用意志的力量去發展一種聰明和磁性意志，讓事情更輕易地進入你的生活。

如果你過去花很多力氣和意志來完成事情，不必認為是你的錯，因為你已經做了你知道最好的事。你是在藉由創造阻礙和對抗阻礙的力量，來發展你自己的強大意志。擁有良好發展的意志很重要，因為你是宇宙更高力量的創作夥伴；你的意志是實現你那個部分的轉化工作必要的力量。

## 你的意志比你以為的更有智慧

當你的靈性成長，你會學習運用你那有磁性的聰明意志，而不再使用你的強迫意志。聰明意志是那個用思考、規劃和意圖來做事的意志，它會想出更好的方法而非運用蠻力來做事。例如，有一位媽媽，用盡力氣——怒吼、討好和威脅，讓她的孩子準時上床，但一直沒有用。運用她的聰明意志，她想出一套有用的辦法，而且沒有強迫。她讓孩子在早點上床和讀故事給他們聽，以及晚半小時上床但不聽故事兩者之間做選擇。既然有選擇，孩子們通常選擇聽故事，並且在聽完故事後平靜地睡去。家裡不再有意志戰爭。她解決了問題，藉由發揮智慧和愛而非強迫。

你的聰明意志會搜尋所有相關的環境，找到有效的方法，用最小的努力來做事。它會等待適當的時機採取行動，知道若時機不對，事情需要花更多的能量才能完成。你的聰明意志有耐心，明白有些事情需要時間來完成。它會堅決不輟地貢獻必須的能量去創造你的目標，知道你不需要一次做完所有的事。它採取必要的時間和步驟做出良好的工作。

你的聰明意志有自信，嘗試新的解決之道並率先行動。它尋找更新、更好的方式來做事。它並非只憑一時衝動的感覺做決定，而是將它融入邏輯與常識。

當你採取的行動與你的大我合一，你會毫不費力地實現它們。當你向你的更高目標前進，你也許必須穩定而堅持地工作，但是不會不斷碰到阻力或無法撼動的力量。

你可以對自己運用強迫意志，勉強自己去做事情，但它是無法長久的。你的理智常會為你設定目標，想要你用強迫意志實現它們。你的強迫意志可能會嘗試去做你的理智要求它的事，然而如果你的目標或是你追求它的方式不符合你的更高益處，你的聰明意志就會阻擋你。你的聰明意志遵循你的大我的指引。

你的聰明意志與大我意志和你的大我連結。你的聰明意志不會讓自己被用來對抗你，它是太強大的力量，你的理智無法控制它。感謝你這個很有力量的意志，不會長久地讓你做不符合你的更高益處的事。你也許能一時成功地強迫自己做事，但是無法長久。

你的理智也許決定你需要立刻瘦五公斤，徹底改變飲食習慣，並且重整生活，然而這些改變並不代表你的更高益處。如果你用你的強迫意志去節食，你也許會成功一時，然後又恢復舊有的飲食習慣而回復原來的體重。

當你的大我覺得你最好不要做什麼事，它會對你的聰明意志說：「創造一些阻力，停止它，別讓那個行動完成。」當做一件事對你有好處時，你會渴望做它，你會因為它是你喜歡做的事而被吸引去做它，它不會是你強迫自己做的事。

你愛做的事你會樂此不疲，你的強迫意志，只能暫時地讓你去做你的大我沒有指引你做的事。例如，如果你享受苗條的身材並喜歡吃那些控制飲食的健康食物，慢慢地，你會被吸引而吃得更健康，因此更瘦，因為你重視並喜愛這些事。如此，這不是強迫意志而是聰明意志在引導你。當你做你喜愛的事時，不需強迫。那些你毫無抗拒的事只有那些你愛做和被吸引的事。透過嘗試和犯錯，你的經驗會教你它們是哪些事。

你愈用強迫意志讓自己去做什麼，你愈迫使自己做出相反的反應。有一位男士每週慢跑三次，他決定增加跑步的次數到六次，並同時加入游泳和自行車兩個項目。他的理智決定他必須更像個運動員。雖然全身痠痛、精疲力竭，他仍勉強自己進行這個計畫一個月。最後他不但放棄他的新運動計畫，連原先的慢跑也停止了。後來花了好幾個月的時間他才重新開始運動。

你也許會說：「我知道我真的需要減重、保持身材、開始做這個計畫、對某一個人放手，等等……可是我的意志為什麼不合作？」你的聰明意志把你的更高利益放在心上。即使有一部分的你認為最好去做什麼事，如果有任何其他部分抗拒，信任規避這件事有一個更高的理由。如果你沒有完成你的理智設定的目標，與其強迫你去做它，不如和你的聰明意志談一談。問它：「你為什麼不做我要你做的事？」也許你計畫要做的事太劇烈，無法融入你其他部分的生活和你的道途。把目標放在心裡，問你的聰明意志，它願意用什麼行動計畫來和你一起完成這件事。

你的聰明意志引導你做那些你喜愛的事。在你決定做某一件事之前，安靜下來，留意關於你做這件事的感覺。在採取行動前問自己：「我真的想這麼做嗎？它是件喜悅的事嗎？有什麼可以替代這件事的做法？」花時間聆聽你的感覺。只有在你感覺對和喜愛的時候才做，那麼你是依照你的聰明意志來運作。

你也可以發展你的磁性意志。磁性吸力是很強的力量，你可以藉由允許你想要的事物到臨，而非強迫它們發生來吸引你想要的事。當你太努力去得到什麼，實際上你在排斥你所追尋的事。向外追求一件事和允許它發生之間有不同的感覺。

偉大的大師藉由與大我意志合一來創造，如此只有「恰好」的行動會發生。他會觀想他希望的結果，然後磁化自己吸引那個結果。大師耐心等候正確的行動時機，並且只有在對的時機採取行動。

想一件你渴望的事。你在送出意志，企圖勉強它發生嗎？如果這樣，你太努力了。取而代之，你可以想像你對這件事變得有吸引力。你甚至可以假裝自己是一塊磁鐵，把它吸引過來。在你的能量和生活上騰出空間讓這件事情進來，打開你的心去接受它。這樣是運用你的磁性意志來吸引事物，而不是用力讓事物發生。

## 從人們的心而非意志中心接收能量

正確的使用意志，意謂學習不讓別人的強迫意志控制你。你有幾種方式可以知道，是否別人在用他們的意志操縱你。其中之一是你對他們在心智或情緒上的抗拒，另外是當你想起他們時，你身體有不舒服的感覺，例如胃部一陣作痛。如果有人想要強迫你做什麼事，不管是明是暗，你都能在能量層次工作來改變你們之間的狀態。

從安靜下來觀想對方開始。當你想到他時，你的身體有任何地方有不舒服的感覺嗎？不舒服的地方可能就是你擷取別人的能量的地方，你穿上了他們的能量模式而非你自己的。送光給這些地方，想像你重新取回這些地方的能量。關閉任何你接收別人能量的地方，然後在這些地方加入你自己的光。

注意別人從哪裡發出能量，只接受從他們的心或更高中心發出的能量。你能知道人們是否從他們的意志中心發出能量，只要安靜下來，觀想他們，想像你知道有沒有「一束」能量從他們的意志中心向你發送。觀想你拒絕這個能量；有些人練習切斷能量束，想像他們「剪斷」那些來自別人的意志的能量。你不接受這個能量的感覺比你用的觀想更重要。當你「切斷」這束能量，想像你看見它回到人們那裡，他們可以把這個能量另作他用。

當你和人們相處，練習從你的心發出能量。當你把所有的能量移到你的心，你會從意志中心的操作進化到如同你的大我一般活在你的心輪之中。

## 只有在人們要求時提供幫助

當你成為一個照亮別人的光源，你的意志能幫助他們成長，或者干擾他們成長——如果你敦促得太急。正確的使用意志，意謂不對別人行使你的強迫意志。它是指當你和人們一起工作時運用你的聰明意志，並且不試圖改變別人——如果他們還沒有準備好的話。

你能幫助你的孩子、朋友和心愛的人提高成長的欲望。你的聰明意志做事情既輕鬆又溫和，並且只在恰當的時機採取行動，它會等到人們準備好去聽你必須說的話的時候才說。當你的朋友問你：「我如何學習你已經學到的一切？」就是幫助他的時機了。對於沒有要求和不感興趣的人喋喋不休，只會讓他們離得更遠。

如果有什麼品質是你希望你的伴侶或朋友擁有的，你自己先表現這種品質。當你的生活愈來愈順利，你會啓發他們去發掘你的祕密。在生活中找到更多樂趣，更常歡笑，讓自己快樂。

有一位女士希望她的先生能夠成為更正面的人。過去，她曾經試圖用她的強迫意志改變他，藉著經常指出他有多麼負面來讓他改變，但那種做法似乎只是讓他變得更糟。運用她的聰明意志，她決定嘗試提高她自己正面的程度，並停止對先生的指正。她在心裡告訴他她愛他，並且接受他本來的樣子。慢慢地，她的先生不知不覺地變得愈來愈正面。當她把意志移動到她的心並變得更有愛心的時候，他開始願意成長和改變。

你會驚訝一個人專注自己的成長時轉化周遭人的力量。有一個人去一間辦公室工作，在那裡每一個人都感受很大的壓力和匆忙，成天吃糖果和垃圾食物度日。起初他發現自己對他們很批判，後來他開始和他們吃同樣的東西。有一天，他很不快樂地檢視他愈來愈不足的能量和快速增加的體重，決定開始吃健康食物，並且每天帶有趣的健康食物到辦公室。很快地，別人開始問他在吃什麼。幾個月之後，很多辦公室的同事開始吃起健康食物。他從未提倡、批判或試圖改變他們。他只是以身作則。

成長並沒有一條「正確」的路。到達開悟和回歸神的途徑有很多。在每一個人的道途、每一種宗教和每一個信念系統中看見美。尊重別人的路，即使它們與你的不同。保持包容和愛，超越人們的信念形式看見那個本質。並沒有一條正確的路，卻有一條對你而言適合的路。在每一個文化和信念系統中都有一些獨特、完美和美麗的地方。尋找你和別人的共同之處，並接受和愛那些與你行走在不同道路上的人。

如果你曾與那些要你改變習慣和做法的人相處，你知道他們希望改變你的意圖如何讓改變更困難。要在人們的內在創造成長的意願，分享你對生命的熱忱。聽他們說話，吸引他們離開，找到方法幫助他們更愛自己。讓自己成長，成為榜樣。你們偉大的導師，像是佛陀與基督，來到地球作為你們可能變為的榜樣——一個和平、有愛心、慈悲和智慧的存有。

## ❖冥想練習——正確地使用意志

這個冥想的目的，是學習如何運用你的意志達成你的更高目的，以一種最輕鬆、喜悅、愛和溫和的方式。

**步驟：進入你的大我狀態做這個冥想。**

1.參考第四章「連結大我意志」的冥想，再一次想像你看見你的更高道途在你的眼前展開，一路到達山頂。你將調整你的意志，增加你的能力，讓你能更喜悅、輕鬆和有智慧地踏上這條旅程。作爲你的大我，你能直接連結你的意志。要求你的意志與你合作，幫助你以最輕鬆喜悅的方式到達山頂，發揮你的最高潛能，完成你的世界服務和靈性成長的目標。

2.現在，踏上這條向上的道路，想像能量從你的心流進你的意志，連結你的意志和心。你現在能輕鬆地走向你所愛的事，遵循心的道路。想像每一件不在你心的道路上的事都自然地離開。此刻在你眼前向山頂伸展的道路，便是你的心的道路，你的意志與它合一。

3.當你看著這條向上的路，想想你平常如何使用你的意志。通常你用多少能量或力氣來完成事情？調整它，讓你能適當地用力，而讓自己被更高的能量流和你的意志所承載。別人如何影響你的意志？你的意志如何被你的感覺所影響？當你決定去做一件事，什麼樣的事情會讓你更容易採取行動，並運用你的聰明和愛的意志？你的意志如何變得更強大？問你的意志你要如何與它一起合作，讓事情能夠以更輕鬆和更高的方式達成？

4.看見你的意志很有智慧地引導你踏上這條路。一路暢行無阻，直達山頂。你在學習以最高的方式運用你的意志，發現更高的流，順隨而行。

5.當你踏上這條道路，你可能需要各種工具。想像你的意志具有磁性，任何時候你需要什麼來完成你的目標，你會吸引它來到你身邊。你只要發出召喚，便能將它在完美的時間，以完美的方式吸引過來。

6.你的生活中有什麼是你渴望，卻感覺缺乏意志力去實現的事嗎？花些時間問問你的聰明意志，爲什麼它不和你一起合作完成這個目標。是因爲有更好的方式達成它，或者這個目標對你而言適合嗎？

7.繼續走向山頂。你現在已經到達山頂。再一次想像你的意志連結大我意志，如此你在那道能量中流動，達成此生最高的進化。

8. 當你準備好的時候，請你回到這個房間，感覺一種新的輕鬆與喜悅，因為你的聰明意志和磁性意志正在與大我意志一起合作，為你帶來你的目標和靈性成長。

# 20 放下執著

培養放下的能力可以加速你的成長。想一段你生命中對某一件事放手，改變，而一切變得比以前更好的經驗。靈性成長的挑戰之一是，學習放下那些不再對你有益的事，祝福它們離開，並擁抱新的事物。

放下是成長重要的一面。為了成長，你或許想放下某些態度，例如氣憤或悲傷。有時候你必須放棄一些角色，例如把自己當成被害者或拯救者。有時候你必須放掉一段關係、一個工作或一種生活方式。學習對新的事物開放並放掉那些舊有的事物，在它們不再為你服務的時候。每一件進入你生命的事都是為了教導你。當一個人、一種情境或事情已經不再能教導你什麼的時候，你的大我會為你提供新的機會，讓你成長和進化。

人們普遍相信的一件事是：成長需要痛苦。引起痛苦的最大的原因之一是執著。你愈能輕易地放下舊有的事物，擁抱新的一切，你愈能透過喜悅而非掙扎來成長。成長包括做出改變，學習新的技能並接受新的形式、態度、觀點和人進入你的生活。

有些人認為他們必需依戀現有的事物，認為可能不會有更好的。如果你正在思考改變，想像你擁有比現在更好的事物。看見你自己輕鬆地經歷過程，並對結果感覺快樂。想像一輩子最好的事會發生，即使你現在不明白為什麼。下決心信任你為自己創造更高益處的能力，並期待見到那個為你預備的美妙驚喜。

觀察此刻你生活中的人、事、物，有什麼你想放掉的東西嗎？要求你的大我幫助你釋放任何不能帶給你更高益處的事。生活中有什麼似乎要離開，而你不確定你希望它走的事情嗎？深吸一口氣，閉上你的眼睛，在心裡允許它離開。依戀不捨的態度會排斥你想要的事物；一旦你放手，它可能會自己回來，或有更好的事物會取代它。若非有更好的事物要來，沒有任何事物會離開你的生活。

把改變當作偉大的冒險，相信所有的改變都是為了你的更高益處，否則不會發生。你可以學習用喜悅、和平的方式來面對改變，要信任宇宙是友善的，而你的大我愛你並照顧你。如果你的人格不願意做出必要的改變，有時候你的大我會營造一些事情來讓你改變。在耳語變成嘶吼之前採取行動，聽從內在的建議改變。

最難放下的執著是你的觀點、信念和批判。你永遠都被挑戰用新的和更寬廣的方式思考。

## 沒有偏好的人道路是輕鬆的

放下你的強烈偏好和意見，因為它們會是消耗最多能量的執著。你可能發現你在重大的事情和微小的事情上都有偏好。有時候你在最枝微的細節也會有偏好，例如你的食物烹煮的方式或每天開車上班的路線。重要的是發現什麼偏好能真正帶給你更高的益處，什麼不過是沒有檢視的習慣，會阻擋你發現更新、更高的存在方式。

你可以開始練習放下執著，選一件你感覺有所執著的小事，假裝一整天你沒有這種執著。成為觀察者，觀察你自己。什麼是你執著的習慣或例行公事？你不需要放棄這些偏好，你需要放下的是你對它們的依賴。只要有或沒有它們都不影響你的快樂，你是自由的，你可以保留它們而不被它們控制。

你也需要學習不受強烈情緒和破壞你處於平靜、清明的情況所影響。你會想讓你的大我成為你意識的指導者，要做到這件事，不帶批判地平靜觀察你周圍發生的一切。彷彿你創造一個內在的聖殿，只有你的大我的指引和提示能影響你。當你保持覺醒和觀察，你就能夠平靜地行動。

學習信任你的直覺並對你接收的訊息採取行動。有時候你計畫了某一件事，而一個內在的聲音鼓勵你對計畫做一些改變。你能多快地放掉你對原計畫的執著而做出新的規劃？當你聆聽並立刻遵循內在的訊息，你的輕鬆和喜悅會不斷增加。

為了有效率地把你的工作推展到世界，你必須學習抽離人們對你的想法。重要的是別擔心你不被喜歡、欣賞和了解。你站在新意識的最前線，你的許多想法是新的。新的想法只有進化的人才能欣賞。學習放下被讚賞和認可的需要，別人可能只是不夠覺醒，無法明白你做的事情的價值。有些人對新的想法有威脅感，他們可能會對你的工作表示懷疑或批判。學習抽離人們的反應並珍惜你的工作，依據你自己內在的價值感來看它。

放下個人的野心很重要。如果你向內對焦並依循更高的計畫，所有的好事會自然發生。不要依據你做的事會得到什麼好處來決定，要因為你的行動能對人們有多少貢獻而做決定。雖然你對於做什麼仍然會有個人的動機，要確定你也考慮了別人的益處。

別擔心你的工作能吸引多少人，單純地遵循你的內在指引，盡力做好你的工作。接觸一個真正能因你的工作獲益的人，比接觸一百個不能的人更好。那一個獲益的人對你的支持比一百個不能的人更大。

放下需要事情以任何特定的方式進行的執著。宇宙是完美的，沒有什麼是失敗的。你也許看起來損失了時間，但是在更大的計畫裡，那些時間必然會以其他的方式補償。送給自己放下擔憂的禮物，信任每一件事都完美地發生。

## 放下執著是服務人們的大我而非人格

有些人把愛和執著混為一談。放下執著讓他們很擔心，因為他們認為如果他們不罣礙著人們，就是不愛他們。放下執著並非不關心，它是在更高的層次關心。它是幫助人們成為他們的大我，而非他們的人格自我。

你們有些人擔心你愈成長就愈沒有同情心。你可能會看著人們，看見他們如果願意放手並做出不同的決定，他們的痛苦可以很快地結束。更早的時候，你會為他們感到難過，而把那種感覺叫做慈悲。慈悲是保持在你的核心，觀察，並在情緒上抽離人們的問題。它是看見你能為他們做的最高的事，而非他們的人格對你訴說的需要。

有時候用更高的方式幫助人們，你必須做你感覺對的事，但是他們的人格可能並不感覺舒服。例如，你可能必須告訴你的孩子他不可以有什麼，因為你知道有這樣東西可能會對他造成傷害。你不會執著他的人格怎麼反應，因為你在服務他的大我。放下執著，需要你明白你的價值是什麼、尊重你的真理並發自真誠，如此你能在最高的層次幫助人們。

執著是想要照顧人們並為他們解決問題。放下執著會給你更清晰的觀點，去看你可以給與多少協助、人們用得上你的多少幫助和何時停止幫忙他們。有時候你唯一能為人們做的事就是愛他們，並讓他們擁有他們的問題。

學習抽離人們的人格、計較或小錯。取而代之把焦點放在他們的偉大，那麼你會有更多體驗。放下執著是愛人們本來的樣子，並適時地為他們的生活注入一個想法、一個碰觸、一份愛，以支持他們提升到更高的意識。

例如，有一位女士在工作上突然變得很忙碌，而無法像往常一樣陪伴一位好友。剛開始她有罪惡感，因為她知道那位朋友很受傷。當她忖度如何愛自己和她的朋友時，她抽離朋友的人格需要，而想像她直接和朋友的大我說話。她問她可以做什麼來尊崇她朋友的大我。

她收到的內在指引告訴她，在最重要的時間和她的朋友在一起就可以了，別擔心其他的時間。她感覺這些重要的時間是她的朋友準備成長而提升到新的意識層次的時候。她並不知道什麼時間才是重要的時間，但是她只在自己很想和朋友在一起的時候才這麼做。當事情如此進行，這些時間變成對她們兩個人而言都很重要的轉捩點。每一次她們在一起，彼此都有很重要的突破。藉由服務她朋友的大我而非人格，她們的友誼變得更堅定。

你們有些人執著於別人的意見，把你的行動或決定建基於別人的愛、同意和肯定。如果你感覺自己必須永遠被愛並且害怕去做想做的事，因為某人可能不再愛你，你的挑戰會是丟掉你對需要那份愛的執著。你也許有一個信念在說：「如果我做自己，如果我要求我想要的，我就不會被愛了。」告訴你自己你可以擁有想要的一切，而人們會愛你本來的樣子。當你不再受限於別人對你的看法，你會更有自由發揮創意、成長和實現潛能。你最仰慕的人是總是尋求別人同意才敢行動的人，還是那些信任並依循內在訊息行動的人？

## 你不需要為人們的生活順利負責，他們才需要

把別人從他們的錯誤中解救出來的需要，是一個會減緩你成長的執著。在你的生活中，有你感到難過，或你試圖將他們從自己製造的問題中解救出來的人嗎？當你試圖解救別人，你常會變成「受害者」，因為他們經常會把他們的問題歸咎於你。他們可能也

會試圖讓你感覺不好，如果你收回你的支持或不幫他們解決問題。他們可能依賴你卻又憎惡他們對你的依賴和幫助。你的「幫忙」可能會以你們的友誼為代價。在某些時候不執著於解決別人的問題很重要。

你有權利不聽和不牽涉別人的問題。保持某種程度的抽離觀察，決定你是否真的幫得上忙，以及人們是否想要或甚至能用得上你的協助。如果你確定要幫忙人們的問題，請做有意識的決定。

當人們找你投訴他們的問題，停下來決定你是否真的想涉入他們的問題。仔細聽他們說話，確定他們想找解決之道，或只是想抱怨問題有多嚴重。決定你願意花多少時間幫忙，清楚地界定你願意對他們的問題投入的時間、能量和資源。

當你投注能量改變或幫助人們時，放下你讓人成長、感激你或以特定方式行動的需要。有時候你想要人們改變的強烈欲望，正是讓他們無法成長的原因。當你抽離不再擔心他們，他們會有更大的自由成長。

我們指導靈能為你的生活提供許多洞見，但是只有你才有能力運用這些建議改變你的生活。有時候你還沒有準備好對你的問題放手，因為它們仍然在教導你許多事。我們能做的是幫助你獲得新的視野、向前邁進一小步或更愛自己一點。你自己也可以這麼做，從你的最高層次觀察整件事，給別人你覺得最好的幫助，然後對結果保持抽離。

## 當你給別人自由，你也變得更自由

隨著時光流轉，人們會在你的生活中穿梭，而你送給他們最棒的禮物之一，就是給他們自由去行走他們自己的道路。要真正地服務別人，你必須給與他們完全的自由，因為這麼做，你也有自由去成為你可能的一切。如果有朋友離開你的生活，別擔心，因為當你的振動提高，人們會成長而停留在你的生活中，或者離開。

別太苛責自己，如果你不想像以前一樣花那麼多時間和那些拒絕成長的朋友在一起。對他們的改變保持開放，在適當的時機鼓勵他們，但是允許自己把時間花在能帶給你最多喜悅的地方。你無法藉由停留在他們的層次與他們為伴和讓他們開心，來服務那些不成長的朋友。你只有讓自己成長才能服務他人。

你可以邀請那些朋友在你新的、更高的層次一起「玩耍」。你並非疏遠他們。你告訴他們你在玩一種更高的新遊戲，並邀請他們和你一起玩。如果他們不想在更擴展的層次上與你在一起，帶著愛和慈悲放開他們。放開你的朋友，比接近他們但在內心批判他們的行為更有愛心。

例如，你可能有位朋友，通常扮演受害者角色又喜歡把自己的生活問題怪罪在每個人身上。你決定要為自己的生活負責，而你也成功了。你可能希望你的朋友改變，卻發現他的行為愈來愈讓你心煩。邀請他為他自己的生活負責，和你在新的層次一起玩耍。要願意輕柔地放下他——如果他不想改變，或你發現你們在一起時你的能量耗竭。

如果你的朋友真的離開你的生活，有一天他們可能會讓你驚訝地回來，願意在更高的層次和你一起遊戲。而呼應你更高振動和新興趣的新朋友，也會來到你身邊。

當你放下執著，你會發現更多的喜悅和內在的平靜。你的世界會擴展，而新的機會會自己出現。培養放下執著的品質會帶給你自由。當你不執著於人們對你的想法或事情發生的方式，你是自由的。你會感覺平安喜樂，不論周圍的人在做什麼。在靈性成就的道路上放下執著是一個重要的態度。

## ❖冥想練習——放下執著

這個冥想的目的是對那些無法服務你更高道途的條件、環境、人物和事情放下執著，並爲自己吸引能帶給你更高益處的一切。

**步驟：進入你的大我狀態做這個冥想。**

1. 安靜地坐下，想像你在能量的層次旋轉，就像一個蓋子或一顆星星一般。事物環繞著你在各自的軌道上旋轉，被你旋轉的品質和本質所吸引。它們是現在出現在你生活之中的人、事、物。感覺你的旋轉速度有多快。

2. 現在請你加快你的旋轉速度，代表你成長的下一個層次。在心裡想像你的旋轉進入一種更高、更精細的層次。你的光度增加。當你繼續成長並加快你的旋轉，你最後會變成純粹的、閃耀的白光。注意當你的旋轉速度增加到下一個層次，有一些原先環繞在你軌道上運轉的事物開始脫離，新的事物開始被你吸引。

3.作爲旋轉的主體，注意當你旋轉時那些從你發出，連結你生活中的每一個人和每一件事的能量射線。它們是你所有的關係和執著。把星星的中心和所有的能量射線移進你的心，讓它們變得更加明亮閃耀，散發美麗的光澤。當你讓它們變得更美麗，你在創造你和這些事物更高的關係。注意當你透過你的心輪來發射和接收你的能量連結時，你旋轉的速度增加。

4.你可以隨心所欲地把這些連結變成你想要的樣子，如此你可以探索和把玩你的新連結和旋轉。當你準備好了，回到這個房間並享受你選擇的一切事物的更新。

# 21 變得通透

當你向世界推展你的工作並透過服務成長，你會遇見各式各樣的能量和人。你會更能覺察你周圍的精細能量，以及人們的想法和感覺。你會想學習如何處理這些能量，以一種無論周遭的能量是什麼形態，你都能成為光源的方式。

學習停留在自己的能量中保持平靜和歸於核心，同時體驗周圍人們的能量、想法和感覺，便是所謂的「保持通透」。當你是通透的，你能舒服地和許多不同的人在一起。你可以學習享受他們的正面能量，並找到方法進入更高的境地，即使環境的能量不如你的能量和諧。

追求靈性成長，你不需要創造一個完美的環境，完全沒有負面的能量，或退出紅塵歸隱山林。你在這裡是為了置身於此時地球形形色色的能量中，學習成為你的大我。即使周圍都沒有與你的振動類似的人，你仍能成長並在你的心中發現愛。

你們有些人以為如果你是一個真正進化的存有，你會出生在父母給與你全然的愛和支持的環境，在其中被撫養長大。你認為若是如此，你現在便會是進化而完美的，不會再經驗任何痛苦和負面。其實剛好相反，你們很多人想要出生在能教導你這個世界的能量的環境中，並幫助你從小適應它們。尋找庇護你的環境無法使你茁壯，藉著學習在所有的氣候中航行，和從內在找到力量和方向才會讓你強壯。如果你因為困難的童年心懷怨懟，請你放下，並感謝你從這些成長環境中獲得的一切力量。

在不同的生命時期，你也許會遇見無法讓你愛他的人。你可以檢視現在的生活環境。如果你周圍有人或能量讓你感覺不舒服，把它們當成是教導你如何保持通透而提供你靈性成長的機會。人們的想法和感覺中，你感到最不和諧的部分，也就是當你學會對它們保持通透時，能給你最大成長的那些，而這也是你在生活中吸引這些人的原因。

你發現你最難在哪一種情緒能量中保持寧靜？憤怒、挫折、焦慮、不耐、傷心、抱怨、自以為是、頑固、冷漠、怯懦、懶惰、缺乏方向、負面、無助、需求、操弄和控制？那些就是你最需要保持通透的情緒，以獲得靈性成長和更多的力量。你可以換工作或搬離那些打擾你的鄰居來避開那些能量。然而，你會繼續吸引能量相似的人，直到你學會在他們身邊保持平衡並停留於核心。

## 要變得通透，不批判別人的行為

要變得通透，從不反應人們的行為開始。當你對他們的行為有情緒，你無法對他們的能量保持透明。只要你能不帶情緒，發自平靜清明的內心行動，你採取的行動會為你帶來最大的成果。

變為通透最好的方法之一，是找到別人的行為中你能保持和諧的那一面。這會讓你保持足夠的冷靜，知道一個清晰平衡的頭腦結構會採取什麼行動。例如有一群人在你家隔壁開喧鬧的派對，而你開始憤怒，在他們的能量中發現你喜歡的部分。你也許對準他們慶祝、喜悅的一面，而放掉現況，即使他們表達的形式和你會用的不一樣。

如果某人對另一個人破口大罵，而你發現自己變得很煩躁，把焦點集中在他們正在彼此教導的功課、他們對彼此的關心和他們對結果的在意上。每一個情境中都有你可以對準的較高和較低頻率。你可以對較低的頻率保持通透，藉由不對它們聚焦，並且發現並對準這個情況的較高面向。

如果人們嚇唬、威脅或試圖控制你，想像他們只有一吋高。你還會對他們有相同的反應嗎？如果人們生氣或想攻擊你，把他們看成亂發脾氣的小孩，因為他們在表達的是他們微小的自我而非他們的大我。

如果有人的行為不符合你的期望，送愛和接納給他，接納他本來的樣子，不要對他生氣。你可以藉由觀想一個自己在過去很困擾的情況，想像你用愛來回應以練習這件事。例如，想像你對一個與你絕交或有權力鬥爭的人說話。與他抗爭只會把你帶到他的層次。相反地，用光包圍自己，把你的能量變得很美麗，打開你的心，拒絕讓他的混亂能量進入你的生活。你可以選擇讓他的情緒穿過你，就像它們是完全不同的頻率。

## 送愛可以轉化你周圍的能量

你的正面和愛的想法的振動，比人們的負面想法更精細，因此負面能量會通過你但無法觸碰你。當你的透明度增加，你會吸引反射你內在平靜與和平的環境進入你的生活，而很少有機會接近具有攻擊性或負面的人。你愈能對別人保持同理心並送愛給他們，你愈能對他們的情緒狀態保持透明。

覺察人們的能量是一種很好的能力，你更大的知覺能讓你知道什麼時候需要保持透明。在你走進任何地方之前，花一些時間感覺你自己的能量，然後對準那個地方的能量，把焦點放在你能與之和諧的能量。在你離開時，可以檢查你的能量和你先前感覺的是否有所不同。如果不同，只接受那些你選擇的變化。明白你自己的能量會提供你一個參考點，也是你知道你是否讓自己被周圍能量影響的方法。

當你和人們在一起的時候，你們很多人會無意識地「呼應」別人的能量。你也許對別人的感覺很敏銳，並能夠體驗相當廣的情緒範圍。下一次當你和別人在一起，留意你是否會無意識地附和他們的能量。如果他們說話的速度很快，你的呼吸也會加快嗎？你自己的談話也會變快嗎？如果別人感覺沮喪，你是否會壓抑你的喜悅感受而加入他們？如果別人在生氣，你也發現自己變得生氣嗎？從觀察自己的呼吸開始，因為你可能會附和別人的呼吸。這種對別人呼吸的無意識附和，是讓你向你不想要的想法和感覺開放的部分原因。緩慢平和地呼吸，當你這麼做，你會更能保持核心和平靜。

人們的感覺不會干擾你，除非你自己有類似的感覺、態度或行為——無論多麼輕微。想像你生活中的其他人是在扮演反映你某些部分的自己的角色。當他們以你不喜歡的方式行動，他們只是為你反映你還沒有學會愛自己的部分。當你學習去愛和發現別人的美，你會對他們的能量保持透明。你也能送愛給那個擁有類似感覺的部分自己。當你學會愛你的每一個部分，你的振動提高，而不再吸引那些類型的人進入你的生活。

每一次你提高你的某種情緒振動，你便不再無意識地應和人們同樣情緒的較低振動。你的內在沒有地方會吸引人們的這種情緒。例如，當你駕馭你的恐懼，你會認出別人的恐懼，但是不會感受人們的恐懼彷彿它是你的一樣。

## 學習辨認何時你沾染了別人的能量

你們有些人是天生的治療師，你不知不覺地穿上了別人的能量，而你必須有能力覺察這件事的發生。你也許花很多時間想要讓別人的生活順利，把他們的問題和痛苦當作是你自己的。要有很高的大師程度，才可能這麼做而無損自己的能量。你們很多人不知不覺地把別人的較低能量帶給自己，出於你偉大的慈悲心和想要幫助別人的欲望。當你和心煩意亂的人在一起，你可能開始感覺自己變得煩躁起來。當他們離開時也許感覺好多了，但是你需要釋放那些你帶進自己的不安情緒。

學習認出何時你沾染了別人的能量，並學會釋放這些能量的方法。別人的能量感覺起來不會與你自己的有什麼不同——它們會誇大和放大你自己的感覺。如果你和某人在一起之後，感覺悲傷、氣憤或其他不尋常的感受，或比平常更強烈的感受，你可能已經把別人的感覺和情緒帶進自己。

如果你穿上了不屬於你的能量，有辦法釋放它。只要了解你在遇見某人之後你的感覺變得與原來不同，就足以幫助你釋放那個人的能量。在物質層次，透過深呼吸、瑜伽、運動和身體工作，你可以從你身上把別人的能量移開。一天之中休息幾次做做深呼吸，有益於淨化你的能量。有些人藉由發脾氣或大哭或大笑來釋放能量。當你的振動提高，你不會再因為攝入別人的感覺而累積情緒；你能夠看見你的氣場中不屬於你的能量模式，而用意念釋放它們。

當你的境界更高，你也許會選擇轉化能量而非對它們保持通透。在更高的大師層次，你可能會故意攝入別人濃密、不和諧的能量，如此你能幫助他們轉化和釋放這些能量。你們偉大的上師們願意攝入人們的負能量，將它們轉化為正能量和愛的更高頻率再送回來。在你有偉大的能力這麼做之前，最好還是簡單地對別人的能量保持通透，而不要試圖攝入和改變它。

你們許多人住在城市中，被很多人的能量場環繞。這產生了足以影響你的龐大情緒能量陣列。這些情緒能量以漩渦的方式移動，因為類似的情緒彼此吸引，在通過廣大的區域後形成一種能量集塊。這種能量集塊就像是物質世界的氣流鋒面一樣。如果你變得更平靜、更通透，在這些能量中你會比較不受影響。

藉由對你的想法和情緒保持更多的觀察，你可以知道自己有沒有受這些能量影響。你是否在前一刻感覺不錯，但下一刻卻無緣無故地感到沮喪、悲傷或焦慮？你曾感覺一整天無精打采而發現當你和朋友談起，他們也是沒來由地感覺這樣？本章後面的能量練習，可以幫助你對這些能量或你不想體驗的負面能量保持通透。

大型的群眾情緒能量，會在其他次元產生如同物質世界的「天氣」變化。有時候你也許在冥想、通靈或創作上碰到困難，你可能實際上正在經歷所謂的「星光風暴」，使你難以向上伸展。星光次元和物質宇宙在不同的頻率振動，它大部分由情緒能量所組成。它有許多層次，最低的層次是那些濃密、負面的情緒，在它的較高層次是祝福和狂喜的情緒。

當你體驗喜悅、快樂的感覺，你是在星光次元的較高層次振動，並且實際上會消融你的許多不和諧的情緒。你不需要為了化解它們而待在負面的情緒中，因為你感覺平靜、和平的每一分鐘都會增加你的振動，而開始釋放你的那些較不和諧的情緒。

## 你有能力永遠保持想要的感覺

你能保持和平、寧靜、歸於核心和平衡，無論你在誰的身邊或發生什麼事。當你學習變得通透，你會發現你的敏感度增加，因為能感知更精細的能量層次有很多好處。你的敏感度是很好的能力——它讓你以更大的精確度，分辨周圍發生的事、決定你的行動，並帶著對於環境和可能性更完整的知覺前進。你的平靜與和平對人們也是禮物，能幫助他們提升知覺到更高的意識。

## ❖冥想練習——變得通透

這個冥想的目的是變得通透，讓人們的能量穿過你但不影響你。

你可以在任何周圍有不喜歡的能量時運用這個技巧。你可以在你獨處時做這個冥想，也可以和別人一起做。如果你有朋友在現場，你可以和他坐在一起，而讓他在你練習變得通透的過程中感知你的能量。通常人們在你變得透明時會感覺到那個變化，他們的回饋是很有價值的。盡可能仔細觀察你能做什麼來強化你變得通透的效果。

**步驟：進入你的大我狀態做這個冥想。**

1. 深吸一口氣，放鬆你的身體。召喚光的到臨，形成一個光蛋環繞著你。把這個光儘量帶進你的身體，讓它非常接近你。你可能感覺它的力量和密度，把光凝聚到你全身外圍一吋的區域，你感覺自己的身體周緣發出明亮耀眼的光。

2. 開始從這個光的內層吸出你的能量，想像你把它放進別的次元或變成不同的頻率，直到這層光包圍的是一個空洞。當你移出你的能量，想像別人的能量直接穿過這個空洞。你現在是透明的。看看你能把你的能量保持在別的頻率多久的時間，以及你這麼做的時候感覺如何？

3. 當你把你的能量重新放回光蛋中，注意你的能量增加多少多光明與和諧。

4. 如果你正處於你想要保持透明的能量中，想像你送光給你周圍的人。因爲當你送愛的時候，就不會攝入別人的能量。

5. 當你準備好了，回到這個房間來，完全地感覺自己。

# 跋——願景

愛你靈性成長的每一個過程。有些日子你會擁抱你所有的新想法，關於你可以如何過你的生活；有些日子你可能完全不想思考它們。有時候你會做很多的內在工作，而其他時間你則在外在生活創造許多改變。

萬事皆有循環，靈性成長也不例外。有些循環以年為週期，有些以週為週期，還有更長的成長週期，例如七年的循環。在循環期間有某個主要的活動進行，或有特定的節奏或韻律。在某個循環你也許想隱遁靜心，而另一個循環你則在外在世界衝刺。你也許有幾個月或幾年的時間在靈性的理解上突飛猛進，然後接著有些週期你只想從事安靜的活動、做整合和經歷情緒的成長。你凝聚焦點於成長的密集程度如潮汐波動，隨著你對新的理解開放，和將它們整合進入生活的其他部分而變化。

## 你無須改變自己，你只需要愛自己

你的大我引領你去做靈性成長需要的每一件事。它一直都在那裡，指引著你，愛你。你的內在擁有一切的答案。靈性成長是一條個人的道路。重要的是對於在什麼時候做什麼事，遵循你的內在智慧，明白你正在做的事就是對你而言最完美的事。停止追求完美，你在做的每一件事已經是完美的。放下任何關於你有多進化或該為靈性成長做什麼的批判——從愛你此刻的成長開始。

當你的靈性成長，你會進入愈來愈高的意識層次。在這些更高的層次生活像什麼？你已經釋放不再對你有用的老舊程式和信念，在生活中吸引支持你和正面思考的人。你的言行激勵自己和別人。你知道你是誰、你為何在這裡，以及你的更高目的是什麼。你的生活形態和環境，支持你的生命目的和更大的世界工作。你探索新的可能性和選擇，並對於什麼是可能的繼續擴展你的視野。你擁有工具為你吸引開創你的人生志業，需要的機會和人、事、物。你從你的心運作一切，而你信任你的內在的訊息並依據它們採取行動。

你覺察周遭的能量，決定什麼時候對它保持通透、什麼時候與它調和或轉變它到更高的秩序。

你覺察自己的能量和別人對它的影響。你活在每個當下——警醒、覺察、保持高度的觀照能力。你不斷提升的活力、熱忱和成長，啓發周圍每個人的成長。

作為你的大我，你在採取行動前用能量來創造。你明白你能創造想要的一切，和更高的力量合作，並引導思想、情緒和意圖朝向你的目標。你在最高的靈性層次而非人格層次運作來創造改變。你在行動前暫停片刻，進入內在，接收你的大我對行動的指引。當你成長，你明白任何事都有可能。你知道透過你對能量運作的了解，你能有意識地創造——那些在你不明白能量工作時看來像是奇蹟的事。

你有能力以在你成長前的層次難以想像的速度，創造你想要的事物。你可以輕鬆愉快地處理過去視為挑戰的事。你的課題也許來得更快，但是你有工具更迅速、輕易地通過它們。

靈性成長的報酬很多——更清楚的方向感、更有一切都在掌握之中的感受、對事情發生的原因有更深的領悟。當你開始享受和了解你的人生，更大的平靜隨之而來。你不僅感覺喜悅和愛你自己，你能活出真正的生命。

放鬆一會，深吸一口氣。召喚光的到臨，用光將自己包圍。把你的手放在心上，告訴自己你愛並接受自己現在的樣子。花一些時間認出你已經走了多遠。肯定你對你的更高目的和世界服務的承諾，感覺你所來自的更高世界的存有對你的愛和支持。與你的大我完全合一，現在你就是你的大我。讓大我的愛穿透你身體的每一個細胞，向你展現你的神性。

在你放下這本書前，花點時間，問自己什麼是你現在可以踏出的一步，對你的靈性成長有最大的貢獻。然後，行動吧！

# 感謝

歐林的愛、指導和智慧鼓勵和幫助我在每一種生活領域中與我的大我連結。

我想感謝杜安和他的指導靈達本為我的生活增添的珍貴的愛、諒解和靈性成長。達本用許多時間和歐林做無數對話來精練哲學上的觀點和開發能量的技巧。我對杜安為我做的一切能量工作致上深深謝意，他教我如何達到更高的能量狀態、開啓我的靈視力並開發我的身體成為光。我感謝杜安與歐林和我在一起的許多時間，把書的內容讀給歐林聽，提出問題並提供珍貴的回饋。他和達本為這本書和我的生活增加許多光。

這本書來自歐林對一個小團體為期一年的教學。學員在生活中運用這些原理原則獲得美好的結果，他們的回饋尤其珍貴。我想感謝這些為書中章節維持焦點的人：Edward Alpern, Amerinda Alpern, Marianne Anderson, Mary Beth Braun, Rosemary Crane, Dona Crowder, Wendy Grace, Carol Hawkinson, Roberta Heath, Colleen Hicks, Sandy Hobson, Sylvia Larson, Trudie London, Mary Pat Mahan, Sara McJunkin, Nancy McJunkin,

Patrice Noli, Jill O, Hara, Eva Rose, Jan Shelley和Leah Warren等人。

我感謝貢獻心力把歐林的訊息變成書面文字的人：Elaine Ratner美好的編輯和建議，Linda Merrill細心的文書協助。我感謝Hal和Linda Kramer這對美好的合作夥伴，為他們樹立的誠信典範和他們對歐林與達本的工作的鼓勵和支持。感謝Denise Laws對歐林訊息的聽寫和David Duty出色的書籍編排，以及最後，Judith Cornell卓越的封面設計。

我想謝謝Georgia Schroer為辦公室管理付出的愛心服務和成長的意願。

我感謝那些為我的生活加光的人：我的姪兒們John, Elise, Mary, Tabatha, Heather和Justin：我的父母Court和 Shirley Smith：我的叔叔Otto Brown和Rob Roman：我的兄弟姊妹Debra, Patricia, David和Robert以及我美好的朋友LaUna Huffines。許多的感謝和愛給所有幫忙研討會的助理，包括前面提過的許多人，他們加光給我們和許多人的生活：Sandy Chapin, Cindy Haupert, Judy Heckerman, Johanna Holmes, Rhonda Holt, Rikki Kirtzner, JoAnne Marsau, Tom Oliver, Nina Page, Shirley Runco, Phillip Weber和Cheryle Winn。

我也感謝一隻非常特別的狗Comet，謝謝牠美好的陪伴以及和我在雪士達山的許多次長途散步。感謝牠的主人Sue, Rich和Shannon如此慷慨地把狗分享給我。

一份特別的感謝給所有的新時代書店，為它們透過這種美好的服務喚醒人們更高潛能的貢獻，也為它們對歐林和達本的工作的支持。

# 生命潛能出版圖書目錄

| 心靈成長系列 | | 作者 | 譯者 | 定價 |
|---|---|---|---|---|
| ST0109 | 冥想的藝術 | 葛文 | 蕭順涵 | 130 |
| ST0111 | 如何激發自我潛能 | 山口　彰 | 鄭清清 | 170 |
| ST0115 | 做自己的心理醫生 | 費思特 | 蔡素芬 | 180 |
| ST0119 | 你愛自己嗎？ | 保羅 | 蘇晴 | 250 |
| ST0122 | 影響你生命的十二原型 | 皮爾森 | 張蘭馨 | 350 |
| ST0124 | 工作中的人性反思 | 柯萬 | 張金興 | 200 |
| ST0125 | 平靜安穩 | 匿名氏 | 李文英 | 180 |
| ST0126 | 豐富年年 | 波耶特 | 侯麗煬 | 280 |
| ST0127 | 心想事成 | 葛文 | 穆怡梅 | 250 |
| ST0131 | 沒有你我該怎麼辦？ | 米勒 | 許梅芳 | 130 |
| ST0133 | 天生我材必有用 | 米勒＆梅特森 | 鄧文華 | 210 |
| ST0136 | 一個幸福的婚禮 | 約翰．李 | 區詠熙 | 260 |
| ST0137 | 快樂生活的新好男人 | 巴希克 | 陳蒼多 | 280 |
| ST0139 | 通向平靜之路——根絕上癮行為的新認知法則 | 約瑟夫．貝利 | 黃春華 | 180 |
| ST0140 | 心靈之旅 | 珍妮佛．詹姆絲 | 侯麗煬 | 200 |
| ST0142 | 理性出發 | 麥克納 | 陳蒼多 | 200 |
| ST0143 | 向惡言惡語挑戰 | 詹姆絲 | 許梅芳 | 220 |
| ST0144 | 珍愛 | 碧提 | 黃春華 | 190 |
| ST0145 | 打開心靈的視野 | 海瑟頓 | 鄧文華 | 320 |
| ST0147 | 揭開自我之謎 | 戴安 | 黃春華 | 150 |
| ST0148 | 自我親職——如何做自己的好父母 | 波拉德 | 鄧文華 | 200 |
| ST0149 | 揮別傷痛 | 布萊克 | 喬安 | 150 |
| ST0151 | 我該如何幫助你？ | 高登 | 高麗娟 | 200 |
| ST0152 | 戒癮十二法則 | 克里夫蘭＆愛莉絲 | 穆怡梅 | 180 |
| ST0153 | 電視心理學 | 早坂泰次郎＆北林才知 | | 200 |
| ST0154 | 自我治療在人生的旅程上 | 羅森 | 喬安 | 200 |
| ST0155 | 快樂是你的選擇 | 維拉妮卡．雷 | 陳逸群 | 250 |
| ST0156 | 歡暢的每一天 | 蘇．班德 | 江孟蓉 | 180 |
| ST0157 | 夢境地圖 | 吉莉安．荷洛薇 | 陳琇／楊玄璋 | 200 |
| ST0158 | 感官復甦工作坊 | 查爾斯．布魯克 | | 180 |
| ST0159 | 扭轉心靈危機 | 克里斯．克藍克 | 許梅芳 | 320 |
| ST0160 | 創痛原是一種福分 | 貝佛莉．恩格 | 謝青峰 | 250 |
| ST0161 | 與慈悲的宇宙連結 | 拉姆．達斯＆保羅．高曼 | 許桂綿 | 250 |
| ST0165 | 重塑心靈 | 許宜銘 | | 250 |
| ST0166 | 聆聽心靈樂音 | 馬修 | 李芸玫 | 220 |
| ST0167 | 敞開心靈暗房 | 提恩．戴唐 | 陳世玲／吳夢峰 | 280 |
| ST0168 | 無為，很好 | 史提芬．哈里森 | 于而彥 | 150 |

| | | | | |
|---|---|---|---|---|
| ST0169 | 心的嘉年華會 | 拉瑪大師 | 陳逸群 | 280 |
| ST0170 | 釋放焦慮七大祕訣 | A.M.瑪修 | 蕭順涵 | 160 |
| ST0172 | 量身訂做潛能體操 | 蓋兒・克絲&席拉・丹娜 | 黃志光 | 220 |
| ST0173 | 你當然可以生氣 | 蓋莉・羅塞里尼&馬克・瓦登 | 謝青峰 | 200 |
| ST0175 | 讓心無懼 | 蘭達・布里登 | 陳逸群 | 280 |
| ST0176 | 心靈舞台 | 薇薇安・金 | 陳逸群 | 280 |
| ST0177 | 把神祕喝個夠 | 王靜蓉 | | 250 |
| ST0178 | 喜悅之道 | 珊娜雅・羅曼 | 王季慶 | 220 |
| ST0179 | 最高意志的修煉 | 陶利・柏肯 | 江孟蓉 | 220 |
| ST0180 | 靈魂調色盤 | 凱西・馬奇歐迪 | 陳麗芳 | 320 |
| ST0181 | 情緒爆發力 | 麥可・史凱 | 周晴燕 | 220 |
| ST0182 | 立方體的祕密 | 安妮＆斯羅波登 | 黃寶敏 | 260 |
| ST0183 | 給生活一帖力量——<br>現代人的靈性維他命 | 芭芭拉・伯格 | 周晴燕 | 200 |
| ST0184 | 治療師的懺悔——<br>頂尖治療師的失誤個案經驗分享 | 傑弗瑞・柯特勒＆<br>瓊恩・卡森 | 胡茉玲 | 280 |
| ST0185 | 玩出塔羅趣味 | M.J.阿芭迪 | 盧娜 | 280 |
| ST0186 | 瑜伽上師最後的十堂課 | 艾莉絲・克麗斯坦森 | 林惠瑟 | 250 |
| ST0187 | 靈魂占星筆記 | 瑪格麗特・庫曼 | 羅孝英／陳惠嬪 | 250 |
| ST0188 | 催眠之聲伴隨你（新版） | 米爾頓・艾瑞克森&史德奈・羅森 | 蕭德蘭 | 320 |
| ST0189 | 通靈工作坊——<br>綻放你內在的直覺力與靈性潛能 | 金・雀絲妮 | 許桂綿 | 280 |
| ST0190 | 創造金錢（上冊）——<br>運用磁力彰顯財富的技巧 | 珊娜雅・羅曼＆杜安・派克 | 沈友娣 | 200 |
| ST0191 | 創造金錢（下冊）——<br>協助你開創人生志業的訣竅 | 珊娜雅・羅曼＆杜安・派克 | 羅孝英 | 200 |
| ST0192 | 愛與生存的勇氣——<br>自我關係療法的詮釋與運用 | 史蒂芬・吉利根 | 蕭德蘭、劉安康、<br>黃正頤 梁美玉等 | 320 |
| ST0193 | 水晶光能啓蒙——<br>礦石是你蛻變與轉化的資產 | 卡崔娜・拉斐爾 | 鄭婷玫 | 250 |
| ST0194 | 神聖占星學——<br>強化能量的鍊金術 | 道維・史卓思納 | 張振林 | 250 |
| ST0195 | 擁舞生命潛能（新版） | 許宜銘 | | 220 |
| ST0196 | 內在男人，內在女人——<br>探索內在男女能量對關係<br>與工作的影響 | 莎加培雅 | 沙微塔 | 250 |
| ST0197 | 人體氣場彩光學 | 喬漢娜・費斯林傑＆<br>貝緹娜・費斯林傑 | 遠音編譯群 | 250 |
| ST0198 | 水晶高頻治療——<br>運用水晶平衡精微能量系統 | 卡崔娜・拉斐爾 | 弈蘭 | 280 |

| | | | | |
|---|---|---|---|---|
| ST0199 | 和內在的自己玩遊戲 | 潔娜・黛安 | 黃春華 | 200 |
| ST01100 | 和內在的自己作朋友 | 潔娜・黛安 | 黃春華 | 200 |
| ST01101 | 個人覺醒的力量——<br>增強心靈感知與能量運作<br>的能力 | 珊娜雅・羅曼 | 羅孝英 | 270 |
| ST01102 | 召喚天使——<br>邀請天使能量共創幸福奇蹟 | 朵琳・芙秋博士 | 王愉淑 | 280 |
| ST01103 | 克里昂靈性寓言故事——<br>以高層心靈的視界，<br>突破此生的課題與業力 | 李・卡羅 | 邱俊銘 | 250 |
| ST01104 | 新世紀揚昇之光——<br>開啓高次元宇宙奧祕<br>與揚昇之鑰 | 黛安娜・庫柏 | 鄭婷玫 | 300 |
| ST01105 | 預知生命大蛻變——<br>由恐懼走向愛的聖魂進化旅程 | 弗瑞德・思特靈 | 邱俊銘 | 320 |
| ST01106 | 古代神祕學院入門書——<br>超感應能力與脈輪開通訓練 | 道格拉斯・德龍 | 陶世惠 | 270 |
| ST01107 | 曼陀羅小宇宙——<br>彩繪曼陀羅豐富你的生命 | 蘇珊・芬徹 | 游琬娟 | 300 |
| ST01108 | 家族系統排列治療精華——<br>愛的根源回溯找回個人生命力量 | 史瓦吉多 | 林群華、黃翎展 | 380 |
| ST01109 | 啓動神祕療癒能量——<br>古代神祕學院進階療癒技巧 | 道格拉斯・德龍 | 奕蘭 | 280 |
| ST01110 | 玩多元藝術解放壓力 | 露西雅・卡帕席恩 | 沈文玉 | 350 |
| ST01111 | 在覺知中創造十大法則 | 弗瑞德・思特靈 | 黃愛淑 | 360 |
| ST01112 | 業力療法——清除累世<br>障礙，重繪生命藍圖 | 狄吉娜・沃頓 | 江孟蓉 | 320 |
| ST01113 | 回到當下的旅程——<br>靈性覺醒道路上的清晰引導 | 李耳納・傑克伯森 | 鄭羽庭 | 360 |

| 美麗身心系列 | | 作者 | 譯者 | 定價 |
|---|---|---|---|---|
| ST80001 | 雙人親密瑜伽——<br>用身體來溝通、分享愛和喜悅 | 米夏巴耶 | 林惠瑟 | 300 |
| ST80002 | 花草能量芳香療法——<br>融合陰陽五行發揮精油<br>情緒調理的功效 | 蓋布利爾・莫傑 | 陳麗芳 | 320 |
| ST80003 | 圖解同類療法——37種<br>常見病痛的處方及藥物寶典 | 羅賓・海菲德 | 陳明堯 | 250 |
| ST80004 | 圖解按摩手法——<br>體驗雙手探索身體的樂趣 | 伯尼・羅文 | 林妙香 | 250 |
| ST80005 | 水晶身心靈療方 | 海瑟・芮芳 | 鄭婷玫 | 360 |
| ST80006 | 五大元素療癒瑜伽——<br>整合脈輪的瑜伽體位法 | 安碧卡南達大師 | 林瑞堂 | 380 |
| ST80007 | 樹的療癒能量 | 派屈斯・布夏頓 | 許桂綿 | 320 |
| ST80008 | 靈氣情緒平衡療方 | 坦瑪雅・侯內沃 | 胡澤芬 | 320 |

| 心靈塔羅系列 | | 作者 | 譯者 | 定價 |
| --- | --- | --- | --- | --- |
| ST11001 | 古埃及神圖塔羅牌<br>(78張塔羅牌+書+神圖占卜棋盤) | 白中道博士 | 蕭靜如繪圖 | 780 |
| ST11002 | 大天使神諭占卜卡<br>(45張大天使卡+書+絲絨袋) | 朵琳・芙秋博士 | 王愉淑 | 680 |
| ST11003 | 女神神諭占卜卡<br>(44張女神卡+書+絲絨袋) | 朵琳・芙秋博士 | 陶世惠 | 780 |
| ST11004 | 守護天使指引卡<br>(44張守護天使卡+書+絲絨袋) | 朵琳・芙秋博士 | 陶世惠 | 780 |
| ST11005 | 揚昇大師神諭卡<br>(44張揚昇大師卡+書+絲絨袋) | 朵琳・芙秋博士 | 鄭婷玫 | 780 |
| ST11006 | 神奇精靈指引卡<br>(44張神奇精靈卡+書+絲絨袋) | 朵琳・芙秋博士 | 陶世惠 | 850 |

| 兩性互動系列 | | 作者 | 譯者 | 定價 |
| --- | --- | --- | --- | --- |
| ST0201 | 讓愛陪你走一段 | 漢瑞克斯 | 蔡易玲 | 290 |
| ST0202 | 滄桑後的天真 | 黃春華 | | 150 |
| ST0203 | 試婚 | 吳淡如 | | 180 |
| ST0204 | 尋找心靈的歸依處 | 約翰・李 | 黃春華 | 130 |
| ST0207 | 影子配偶 | 狄妮絲・藍 | 鄧文華 | 350 |
| ST0208 | 你這話是什麼意思?——<br>終結伴侶間的言語傷害 | 派翠西亞・依凡絲 | 穆怡梅 | 220 |
| ST0209 | 讓婚姻萬歲——<br>愛之外的尊重與協商 | 貝蒂・卡特等 | 李文英 | 360 |
| ST0212 | 男人女人2分天下 | 克莉絲・愛維特 | 江孟蓉 | 200 |
| ST0213 | 堅持原味的愛 | 賀夫和蓋兒・沛雷德 | 陳逸群 | 350 |
| ST0214-5 | 背叛單身不後悔 I、II | 漢瑞克斯&杭特 | 李文英 | 每冊250 |
| ST0216 | 女性智慧宣言 | 露易絲・賀 | 蕭順涵 | 200 |
| ST0217 | 情投意合溝通法 | 強納生・羅賓森 | 游琬娟 | 240 |
| ST0218 | 靈慾情色愛 | 許宜銘 | | 200 |
| ST0219 | 親愛的,我們別吵了! | 蘇珊・奎蓮恩 | 江孟蓉 | 250 |
| ST0220 | 彩翼單飛 | 雪倫・魏士德・克魯斯 | 周晴燕 | 250 |
| ST0222 | 愛在高潮——<br>跨越關係中的低潮、享受真愛 | 派特・洛芙 | 胡茉玲 | 250 |
| ST0224 | 男女大不同:身心健康對策:<br>如何讓火星男人與金星女人活力煥發、甜蜜持久 | 約翰・葛瑞博士 | 許桂綿 | 320 |
| ST0226 | 婚姻診療室——<br>以現實療法破解婚姻難題 | 蓋瑞・查普曼 | 陳逸群 | 250 |
| ST0227 | 愛的溝通不打烊——<br>讓你的婚姻成為幸福的代名詞 | 瓊恩・卡森&<br>唐恩・狄克梅爾 | 周晴燕 | 280 |
| ST0228 | 男女大不同:<br>火星男人與金星女人的戀愛講義 | 約翰・葛瑞博士 | 蘇晴 | 280 |
| ST0229 | Office男女大不同:<br>火星男人與金星女人職場輕鬆溝通 | 約翰・葛瑞博士 | 邱溫&許桂綿 | 320 |

| 奧修靈性成長系列 | | 作者 | 譯者 | 定價 |
|---|---|---|---|---|
| ST6001 | 成熟——重新看見自己的純真與完整 | 奧修 | 黃瓊瑩 | 280 |
| ST6002 | 勇氣——在生活中冒險是一種喜悅 | 奧修 | 黃瓊瑩 | 300 |
| ST6003 | 創造力——釋放內在的力量 | 奧修 | 李舒潔 | 280 |
| ST6004 | 覺察——品嘗自在合一的佛性滋味 | 奧修 | 黃瓊瑩 | 300 |
| ST6005 | 直覺——超越邏輯的全新領悟 | 奧修 | 沈文玉 | 280 |
| ST6006 | 親密——學習信任自己與他人 | 奧修 | 陳明堯 | 250 |
| ST6007 | 愛、自由與單獨 | 奧修 | 黃瓊瑩 | 300 |
| ST6008 | 叛逆的靈魂——奧修自傳 | 奧修(精裝本定價500元) | 黃瓊瑩 | 399 |
| ST6009 | 存在之詩——藏密教義的終極體驗 | 奧修 | 陳明堯 | 320 |
| ST6010 | 禪——活出當下的意識 | 奧修 | 陳明堯 | 250 |
| ST6011 | 瑜伽——提升靈魂的科學 | 奧修 | 林妙香 | 280 |
| ST6012 | 蘇菲靈性之舞——讓自我死去的藝術 | 奧修 | 沈文玉 | 320 |
| ST6013 | 道——順隨生命的核心 | 奧修 | 沙微塔 | 300 |
| ST6014 | 身心平衡——與你的身體和心理對話 | 奧修(附放鬆靜心CD) | 陳明堯 | 300 |
| ST6015 | 喜悅——從內在深處湧現的快樂 | 奧修 | 陳明堯 | 280 |
| ST6016 | 歡慶生死 | 奧修 | 黃瓊瑩 | 300 |
| ST6017 | 與先哲奇人相遇 | 奧修 | 陳明堯 | 300 |
| ST6018 | 情緒——釋放你的憤怒、恐懼與嫉妒 | 奧修(附靜心音樂CD) | 沈文玉 | 250 |
| ST6019 | 脈輪能量書I——<br>回歸存在的意識地圖 | 奧修 | 沙微塔 | 250 |
| ST6020 | 脈輪能量書II——<br>靈妙體的探索旅程 | 奧修 | 沙微塔 | 250 |
| ST6021 | 聰明才智——以創意回應當下 | 奧修 | 黃瓊瑩 | 300 |
| ST6022 | 自由——成為自己的勇氣 | 奧修 | 林妙香 | 280 |
| ST6023 | 奧修談禪師馬祖道一——空無之鏡 | 奧修 | 陳明堯 | 280 |
| ST6024 | 靈魂之藥——<br>讓身心放鬆的靜心與覺察練習 | 奧修 | 陳明堯 | 250 |
| ST6025 | 奧修談禪師南泉普願——<br>靈性的轉折 | 奧修 | 陳明堯 | 280 |
| ST6026 | 女性意識——<br>女性特質的慶祝與提醒 | 奧修 | 沈文玉 | 220 |
| ST6027 | 印度，我的愛——<br>靈性之旅 | 奧修（附「寧靜乍現」VCD） | 陳明堯 | 320 |
| ST6028 | 奧修談禪師趙州從諗——<br>以獅吼喚醒你的自性 | 奧修 | 陳明堯 | 250 |
| ST6029 | 奧修談禪師臨濟義玄——<br>超脫理性的師父 | 奧修 | 陳明堯 | 250 |
| ST6030 | 熱情——<br>真理、神性、美的探尋 | 奧修 | 陳明堯 | 280 |
| ST6031 | 慈悲——愛的極致綻放 | 奧修 | 沈文玉 | 270 |
| ST6032 | 靜心春與夏——奧修與你同在 | 奧修 | 陳明堯 | 220 |
| ST6033 | 靜心秋與冬——奧修與你同在 | 奧修 | 陳明堯 | 220 |
| ST6034 | 蓮花中的鑽石——<br>寂靜之聲與覺醒之鑰 | 奧修 | 陳明堯 | 320 |

| 健康種子系列 | | 作者 | 譯者 | 定價 |
|---|---|---|---|---|
| ST9001 | 身心合一 | 肯恩・戴特沃德 | 邱溫 | 250 |
| ST9002 | 同類療法I─健康新抉擇 | 維登・麥凱博 | 陳逸群 | 250 |
| ST9003 | 同類療法II─改善你的體質 | 維登・麥凱博 | 陳逸群 | 300 |
| ST9004 | 抗癌策略 | 安・法瑞 & 戴夫・法瑞 | 江孟蓉 | 220 |
| ST9005 | 自我健康催眠 | 史丹利・費雪 | 季欣 | 220 |
| ST9006 | 肢體療法百科 | 瑪加・奈思特 | 邱溫 | 360 |
| ST9007 | 21世紀醫療革命：自然醫學 | 黃俊傑醫師 | | 320 |
| ST9008 | 靈性按摩 | 莎加培雅 | 沙微塔 | 450 |
| ST9010 | 腦力營養策略 | 藍格 & 席爾 | 陳麗芳 | 250 |
| ST9011 | 飲食防癌 | 羅伯特・哈瑟瑞 | 邱溫 | 280 |
| ST9012 | 雨林藥草居家療方 | 阿維戈 & 愛普斯汀 | 許桂綿 | 280 |
| ST9014 | 呼吸重生療法──<br>身心整合與釋放壓力的另類選擇 | 凱瑟琳・道林 | 廖世德 | 250 |
| ST9016 | 讓妳年輕10歲、多活10年 | 戴維・賴伯克 | 黃文慧 | 250 |
| ST9017 | 身心調癒地圖 | 黛比・夏比洛 | 邱溫 | 320 |
| ST9018 | 靈性治療的藝術 | 凱思・雪伍 | 林妙香 | 270 |
| ST9019 | 巴哈花療法，心靈的解藥 | 大衛・威奈爾 | 黃寶敏 | 250 |
| ST9021 | 逆轉癌症──<br>恢復生命力的九大自療療程 | 席瓦妮・古曼<br>（附引導式自療冥想CD） | 周晴燕 | 250 |
| ST9022 | 印加靈魂復元療法──<br>跨越時間之河修復生命<br>、改造未來 | 阿貝托・維洛多博士 | 許桂綿 | 280 |
| ST9023 | 靈氣108問──<br>以雙手傳遞宇宙生命能量的新時代療法 | 萊絲蜜・寶拉・賀倫 | 欣芬 | 240 |
| ST9024 | 印加巫士的智慧洞見──<br>成為地球守護者的操練與挑戰 | 阿貝托・維洛多博士 | 奕蘭 | 280 |
| ST9025 | 靈氣為你帶來豐盛──<br>遠離匱乏、體驗豐盛的<br>42天靈氣方案 | 萊絲蜜・寶拉 | 胡澤芬 | 220 |
| ST9026 | 不疼不痛安心過生活──<br>解除你的疼痛 | 克利斯・威爾斯 &<br>葛瑞姆・諾恩 | 陳麗芳 | 280 |
| ST9027 | 印加能量療法（新版）──<br>一位心理家的薩滿學習之旅 | 阿貝托・維洛多博士 | 許桂綿 | 300 |
| ST9028 | 靈氣心世界──<br>以撫觸與覺知開展生命療癒 | 寶拉・賀倫博士 | 胡澤芬 | 280 |
| ST9029 | 印加大夢──<br>薩滿顯化夢想之道 | 阿貝托・維洛多博士 | 許桂綿 | 320 |

# 透過靈氣擁抱世界

ST01111
10月出版

## 靈氣心世界

### 透過覺知給出愛與撫觸的療方

The Ultimate Reiki Touch

萊絲蜜・寶拉・賀倫博士◎著

靈氣的核心精神在於「覺知」，透過覺知給出愛、承諾與撫觸。當靈氣工作者敞開自己成為宇宙生命動能流通的管道時，也就邁向身心靈成長的旅程，協助自己及他人淨化身心、體驗空無與合一。

ST9025 定價220元

## 靈氣為你帶來豐盛

### 遠離匱乏、體驗豐盛的42天靈氣方案

Abundance Through Reiki

萊絲蜜・寶拉・賀倫博士◎著

本書42天核心計畫能進一步協助你放掉自身的抗拒能量，接受與宇宙合一的流，為你帶來更多的豐盛，包括健康、愛、財富與經驗。

ST9023 定價240元

## 靈氣108問

### 以雙手傳遞宇宙生命能量的新時代療法

Exploring Reiki

萊絲蜜・寶拉・賀倫博士◎著

作者為經驗豐富的靈氣老師，為好奇的入門者提供靈氣的第一手資料，解釋一百零八個修習靈氣時最常見的問題，也為熟練的修習者解答靈氣運用上的相關疑惑。

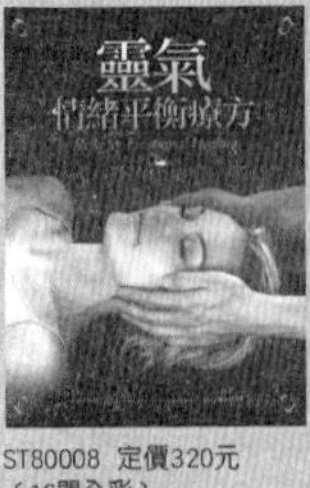


ST80008 定價320元
〔16開全彩〕

## 靈氣情緒平衡療方

Reiki for Emotional Healing

坦瑪雅・侯內沃 靈氣師父／教師◎著

透過靈氣可釋放負面情緒，進一步與你內在正面的特質連結，本書旨在指導如何使用靈氣相關療癒技巧，讓人在生活中即使面對棘手的狀況，仍能以專注、輕鬆和有創意的方式應對。

# 薩滿的療癒之道

## 維洛多博士的印加故事

ST01114
9月出版

## 印加大夢

### 薩滿顯化夢想之道

Courageously Dreaming

維洛多博士以巫士的洞見來協助人們提升感知層次，透過蛇、美洲豹、蜂鳥與老鷹層次的操練，可以在生活中全然地放掉恐懼與衝突，實現最深刻的夢想。

ST9024 定價280元

## 印加巫士的智慧洞見

### 成為地球守護者的操練與挑戰

The Four Insights

真正的巫士是擁有力量與恩典的地球守護者，作者提出許多能量操練的方法，指引你一條提升自己成為英雄、光的戰士、預見者與聖哲的道路。

ST9022 定價280元

## 印加靈魂復元療法

### 跨越時間之河修復生命、改造未來

Mending the Past and Healing the Future with Soul Retrieval

作者藉由引導式的冥想和獨特的呼吸練習，帶領你改變意識狀態，探訪靈魂世界，修復過去儲存在脈輪裡的原始創傷，並找出靈魂潛藏的恩典與寶藏。

ST9015 定價280元

## 印加能量療法

### 一位人類學家的巫士學習之旅

Shaman, Healer, Sage

作者深入南美蠻荒之地，追隨巫士安東尼歐學習印加能量醫術長達二十年，整理出清楚易懂的能量治療精華。

# 用心靈之眼，體驗身心的智慧與活力

## 美麗身心系列

16開全彩

ST80006 定價380元

### 五大元素療癒瑜伽

**整合脈輪的瑜伽體位法**

Healing Yoga

安碧卡南達大師◎著

作者精通靜坐、瑜伽、吠檀多哲學與自然醫學，為讀者勾勒出精細完整的五大元素地圖，在書中詳細的解說地、水、火、氣、空每一種元素與身心的關連及調整的瑜伽動作。

ST80009
12月出版

### 西藏醫藥

The Book of Tibetan Medicine

拉斐・福德◎著

西藏醫藥融合佛教哲理對生命的看法，有來自中醫把脈的智慧，也含括阿育吠陀關於五大元素、三種體液的精華，其他如草藥、礦物、鍊金術的運用，形成了獨特的西藏醫藥。

ST80001定價300元

### 雙人親密瑜伽

**用身體來溝通、分享愛和喜悅**

The Book of Partner Yoga

米夏巴耶◎著

用心靈之眼體驗愛，用身體感受浪漫和諧！作者以傳統的哈達瑜伽為基礎，並配合泰式、日式按摩和瑜伽治療技巧，邀請你來體驗雙人瑜伽。

ST80002 定價320元

### 花草能量芳香療法

**融合陰陽五行發揮精油情緒調理的功效**

Aromatherapy For Healing the Spirit

蓋布利爾・莫傑◎著

作者將東方醫學的傳統智慧應用到現代芳香療法中，從陰陽五行及熱、冷、乾、濕等能量特質的角度，深入探討四十種芳香植物以及對應的心理與情緒問題。

ST80007 定價320元

### 樹的療癒能量

The Healing Energies of TREES

派屈斯・布夏頓◎著

樹，具有連結大地與天空的特質，本書指引讀者發現及運用樹木的能量，讓你啟動屬於自己的特殊經驗。與樹接觸，將重新連結內在及外在的生命力。

ST80004 定價250元

### 圖解按摩手法

**體驗雙手探索身體的樂趣**

Massage

伯妮・羅溫◎著

全書超過150張的精美全彩圖片，教你如何運用簡單卻有效的方法進行按摩，你不需要是個按摩師，也能在家運用這些方法，享受按摩所帶來的好處，幫助你抒解身心壓力。

ST80005 定價360元

### 水晶身心靈療方

Heal Yourself with Crystals

海瑟・芮芳◎著

善於處理精微能量的作者，針對八十種常見的身心靈不適狀態，教你如何運用水晶礦石，進行深度的身體、情緒與靈性上的療癒。

ST80003 定價250元

### 圖解同類療法

**37種常見病痛的處方及藥物寶典**

Homeopathy for Common Ailments

羅賓・海菲德◎著

治療哲理在於，「採用引發同樣症狀的藥物治療疾病」，能將病毒與症狀適時抒發出來，並刺激個人內在治癒力，達致徹底轉變體質的功效。

心靈成長 114

# 靈性成長
## ——與大我合一的學習之路

原著書名／Spiritual Growth: Being Your Higher Self
作　　者／珊娜雅・羅曼（Sanaya Roman）
譯　　者／羅孝英
總 編 輯／黃寶敏
執行編輯／王芳屏
行銷經理／陳伯文
發 行 人／許宜銘
出版發行／生命潛能文化事業有限公司
聯絡地址／台北市信義區(110)和平東路三段509巷7弄3號1樓
聯絡電話／(02)2378-3399
傳　　真／(02)2378-0011
網　　址／http://www.tgblife.com
E-mail／tgblife@ms27.hinet.net
郵政劃撥／17073315（戶名：生命潛能文化事業有限公司）
郵購九折，郵資單本50元、2-9本80元、10本以上免郵資

總 經 銷／吳氏圖書有限公司・電話／(02)3234-0036
內文排版／普林特斯資訊股份有限公司・電話／(02)8226-9696
印　　刷／承峰美術印刷・電話／(02)2225-7055

2008年 12 月初版
定價：320元

ISBN: 978-986-7349-81-1


國家圖書館出版品預行編目資料

靈性成長／珊娜雅・羅曼(Sanaya Roman)著；羅孝英譯.
-- 初版. --臺北市：生命潛能文化，2008. 12
面；　公分. --（心靈成長；114）

譯自：Spiritual growth: being your higher self

ISBN 978-986-7349-81-1（平裝）

1. 心靈學　2. 靈修　3. 自我實現

175.9　　97022481

讓生命潛能 帶你探索心靈世界的真、善、美
Life Potential Publishing Co., Ltd